Pater Nikodemus Schnabel

mit Sascha Hellen

#FrageinenMönch

PATER NIKODEMUS SCHNABEL

MIT SASCHA HELLEN

#FragEinenMönch

100 Fragen
(und unzensierte Antworten)

In Erinnerung an
Franz Beckschäfer

INHALT

7

15

VORWORT VON GREGOR GYSI

Unwillkürlich denkt man, dass an einem für das Christentum so heiligen Ort wie der Grabeskirche Jesu unter den Ordensleuten nur bierernste Menschen anzutreffen wären. Insbesondere dann, wenn man in Rechnung stellt, in wie viele Konfessionen das Christentum gespalten ist. Da, so denkt man vielleicht, will doch jede Fraktion wie im Bundestag das Wahre repräsentieren. Und so ist es ja auch oft genug. Aber man kann sich täuschen, beziehungsweise: Ich habe mich geirrt. Ich habe Nikodemus Schnabel in Jerusalem kennengelernt. Er ist jene Sorte Mensch, für den es den etwas flapsigen Ausdruck „cooler Typ" gibt. Das bedeutet keineswegs Unernstes, nur weil er sich etwas lockerer gibt. Ganz im Gegenteil! Das erleichtert die Kommunikation.

Mir geht es auch ein wenig wie Nikodemus Schnabel: Die Erfordernisse des Alltags sind gegen die biologische Uhr meines Körpers konstruiert worden. Aber es gibt auch einen gravierenden Unterschied: Ich kann mich damit trösten, dass eine künftige, bessere Gesellschaft die Arbeitsbelastungen der menschlichen Natur besser anpassen könnte, während sie auf die Gepflogenheiten eines christlichen Ordens keinen unmittelbaren Einfluss nehmen wird.

Was kann man durch das Buch lernen? Jede Menge. Ich wusste nicht, wie eine Namenswahl bei Ordensleuten überhaupt zustande kommt. Und wenn man nicht ständig mit der Bibel unter dem Arm herumläuft (dazu fehlt mir einfach die Zeit), dann weiß man vielleicht auch nicht so viel über die in der Bibel erwähnte Person gleichen Namens.

Die Namenswahl ist eine ernste Sache. Das Leben des biblischen Nikodemus wird so zum Vorbild der eigenen Lebensführung des Autors. Interessant ist diese Wahl auch deshalb, weil der biblische Nikodemus gläubiger Jude war. So betont die Namenswahl eine gewisse Nähe zum Judentum. Das ist in den westlichen Kirchen schon anders: Insbesondere in der Tradition Luthers wurde die Judenfeindschaft kultiviert.

Wir wissen, dass Kirchen von ritueller Praxis nicht zu trennen sind; aber konkret wissen wir dann doch kaum Bescheid, gerade weil es sich um so scheinbare Kleinigkeiten handelt. Darüber erzählt Nikodemus Schnabel. Und so wird man halt klüger.

Dr. Gregor Gysi
Mitglied des deutschen Bundestags

© Sascha Hellen, Jerusalem 2018

EINLEITUNG

Es vergeht kein Tag, an dem ich nicht mit Fragen über mein Leben konfrontiert werde. Ich falle auf – egal, wo ich mich in der Welt bewege, ob in Jerusalem, in Deutschland oder in Rom, wo ich coronabedingt seit einigen Monaten feststecke. Fragen gehören zu unser aller Leben. Fragen treiben uns an. Seit Kindesbeinen bin ich ein Fragender, habe große Sympathien für Menschen, die Fragen stellen und Dinge infrage stellen. Und der Volksmund sagt: Nur fragenden Menschen kann geholfen werden. Vor einigen Monaten habe ich auf dem YouTube-Kanal „Hyperbole" Fragen meist junger Zuschauer*innen beantwortet, die sich fast ausschließlich um meinen Lebenshintergrund gedreht haben. Es ist eben wirklich exotisch, in diesen Zeiten ein Mönch zu sein.

Das „Hyperbole"-Prinzip ist recht einfach: Die Videos beginnen immer mit einem Hashtag – also #Frageine/n ... (in meinem Fall war es entsprechend #FrageinenMönch[1]), und die Verantwortlichen und natürlich auch die Zuschauer wünschen sich möglichst authentische Antworten. Aber schon lang vor „Hyperbole" haben mich über die sozialen Kanäle, in denen ich aktiv bin, Tag für Tag Fragen erreicht. Das Leben hinter Klostermauern scheint doch eine gewisse Faszination mit sich zu bringen.

Bei allen Unterschieden darf man nicht vergessen, dass in der Kutte auch nur ein Mensch steckt. Natürlich brauchen auch wir Mönche ein WLAN-Passwort, trinken gerne mal ein Bier, suchen Gott und hadern mit so mancher Entscheidung. Humor ist für mich sehr wichtig. Ich glaube, dass wir vielen Problemen einfach entgegenlachen können, denn Humor gibt Menschen Kraft und kann auch ein Schutz sein. Ich habe mir deshalb angewöhnt, auf viele Fragen der Zeit mit Humor zu antworten. Natürlich gibt es Dinge, die auch ich mir

---

1   (3) FRAG EINEN MÖNCH | Nikodemus Schnabel über Zölibat, Abtreibungen, Homo-Ehe & Kindesmissbrauch – YouTube

nicht erklären kann. Denn als Benediktiner-Mönch bleibe ich Zeit meines irdischen Lebens Gottsucher.

Gemeinsam mit dem Journalisten Sascha Hellen habe ich Fragen ausgewählt, und Sascha Hellen hat weitere hinzugefügt. So ist ein bunter Mix von Themen entstanden, zu denen ich in diesem Buch Stellung nehme. Ich danke Sascha Hellen für die Begleitung – und ich danke auch den vielen interessierten Gläubigen und Atheisten, die mich immer wieder mit ihren Fragen inspirieren.

Pater Nikodemus Schnabel

1. Kann ein Mönch Langschläfer sein?

Grundsätzlich ja – rein vom Biorhythmus her. Deshalb bleibt es bei mir auch ein täglicher Kampf. Leider sind alle Klöster so strukturiert, dass es eher früh aus den Federn geht. Zum Beispiel in Jerusalem – meinem Kloster – ist die erste Gebetszeit um 06:00 Uhr. In unserem Kloster in Tabgha (wir haben noch ein zweites Kloster am See Gennezaret) sogar schon um 05:30 Uhr. Man muss also entsprechend früh aufstehen.

Ich tue das natürlich auch, aber – das gebe ich offen zu – nur sehr schwerfällig. Ich bin eher eine Nachteule, und wenn bei mir der Wecker kaputt ist, kann ich schlafen bis Mittag, wie ein Baby. Das frühe Aufstehen ist für mich eine tägliche Herausforderung, an die ich mich auch nach 18 Jahren Mönchtum noch immer nicht gewöhnt habe.

2. Was trägst du unter dem Habit?

Das ist tatsächlich temperaturabhängig. Also, wenn es sehr kalt ist, kann man sich komplett einmummeln unterm Habit inklusive langer Hose und Pulli. Im Sommer trage ich dagegen nur eine kurze Hose und ein T-Shirt. Ich persönlich achte darauf, wenn ich jetzt eine lange Hose anhabe, dass dies keine Blue Jeans ist. Es sieht nämlich immer komisch aus, wenn unter einem schwarzen Habit so eine blaue Hose hervorlugt. Und ja, sobald es offizieller wird und auch sonntags, ziehe ich auch gern ein weißes Hemd unter dem Habit an. Das sieht einfach noch mal etwas festlicher aus.

3. Wie viele Habite besitzt du?

Ich habe zwei in Gebrauch.

4. Warum trägst du einen Ring?

Gute und spannende Frage. Mönche tragen in der Regel keine Ringe.

Wer eigentlich nur einen Ring trägt, sind Äbte und Äbtissinnen, und zwar am Ringfinger der rechten Hand. Meist ist es ein Siegelring, den sie bei der Abt-/Äbtissinnenweihe überreicht bekommen als Ausdruck ihrer Leitungsvollmacht für das Kloster.

Wir Benediktinermönche von Jerusalem tragen an der linken Hand – ebenfalls am Ringfinger – einen Ring. Keinen Siegelring, er sieht mehr aus wie ein Ehering. Tatsächlich, wenn man bei meinem auf die Innenseite guckt, findet man eine Gravur. Da steht dann: „8. Dezember 2004 – Nikodemus".

Das ist mein Professdatum, an diesem Tag habe ich meine Profess abgelegt. Meinen Ordensnamen „Nikodemus", den ich schon als Novize angenommen habe, führe ich seitdem sozusagen ganz offiziell. Der Ring wurde mir überreicht mit den Worten: „... als Zeichen meiner Bindung an Christus und die Gemeinschaft!" Ein wie gesagt nicht sehr gebräuchlicher Ritus. Es gibt auch Frauenorden, die das ähnlich handhaben. Da heißt es dann oft: „Braut Christi" – als Bild. Entsprechend bin ich aber jetzt nicht Bräutigam Christi – das wäre doch ein wenig schräg.

Ich persönlich bin ehrlich gesagt kein Fan dieses Brauchs, aber wenn in Jerusalem alle einen Ring tragen, mach' ich es auch. Und was ich schön finde: Wenn ich zivil unterwegs bin, was manchmal ja auch vorkommt, dann ist der Ring so ein bisschen für mich eine Erinnerung:

Ich bin halt kein Single – bin nicht „frei". Der Ring ist gewissermaßen ein Signal, das ich nach außen setze: Man hält mich dann für einen verheirateten Mann. Das ist durchaus gewollt – und irgendwie auch stimmig; ich bin ja quasi vergeben!

5. Warum hast du Nikodemus als deinen Namen gewählt?

„Gewählt" klingt so, als ob man seinen Ordensnamen völlig frei aussuchen könnte. Aber ganz so einfach ist es nicht. Das ist ein Prozess, der lange dauert. Bei dem sich sowohl der Abt Gedanken gemacht hat als auch der Novize, also der, der ins Kloster eintritt. Und dann einigt man sich. Tatsächlich war es bei mir so, dass der Abt keinen konkreten Namen hatte. Und ich hatte nur einen: Nikodemus.

Das ist ein Heiliger der Bibel, kommt im Neuen Testament vor ... Für alle, die da mal nachschlagen wollen: im Johannes-Evangelium im 3., 7. und 19. Kapitel.

Was mich an diesem Heiligen fasziniert, ist, dass er in der Nacht zu Jesus kommt und verstehen will, wer dieser Jesus ist, was den denn so faszinierend macht und was seine Botschaft ist. Und eigentlich scheitert dieses Gespräch, denn Nikodemus will mit dem Kopf durch die Wand. Dennoch verteidigt er später Jesus vor dem Hohen Rat und beerdigt ihn schließlich auch, er ist also einer der Totengräber Jesu. Und ja, für mich ist die Botschaft des Heiligen, dass eben Gott größer ist als all unsere Intelligenz, unsere Vernunft, unser Verstand. Selbst in seiner größten Schwachheit – in seinem Tod am Kreuz – ist Gott stärker als wir alle. Und das ist so ein bisschen zum Lebensmotto für mich geworden. Ich mag auch seine Grabstätte, die der Tradition nach in der Grabeskirche in Jerusalem ist. Dort hinten, etwas versteckt, in der syrisch-orthodoxen Kapelle – das war schon immer mein Lieblingsort in der Grabes- und

Auferstehungskirche. Und der Heilige Niko-demus ist mir schon als Student ans Herz gewachsen.

Zudem gebe ich zu: Ich wollte auch einen schönen Namen. Mit Taufnamen heiße ich Claudius, da sollte das schon irgendwie pas-sen und harmonisch klingen. Und last but not least sollte es ein Name sein, der meine Liebe zu den Ostkirchen ausdrückt – ich bin Ostkirchenkundler. Nikodemus ist ein sehr, sehr beliebter Name der Ostkirchen. Er ver-deutlicht die Beziehung zum Judentum, denn Nikodemus war ein gläubiger Jude. Es kommt also sehr vieles zusammen, warum ich ge-sagt habe: Jawohl, das ist der Patron, den ich erwählen will, dieser Name, in den ich „hi-neinwachsen" muss, der noch viele „Haus-aufgaben" mit sich bringt. Ich würde sagen, ich bin auf dem Weg, meinem Namenspa-tron gerechter zu werden, da ist noch viel Spielraum nach oben.

6. Wie groß ist deine Zelle?

14 Quadratmeter –
Nasszelle
eingeschlossen.

7. Gibt es persönliche Gegenstände in deiner Zelle?

Ich mache mir sehr wenig aus materiellem Besitz. Also ganz ehrlich: Von all den Gelübden, die wir ablegen müssen, ist die Armut, die Besitzlosigkeit, tatsächlich das Einfachste für mich. Ich hänge wenig an persönlichen Sachen. Aber es gibt ein paar Erinnerungsstücke. Ein Beispiel, was mir sehr lieb ist: Ich habe eine Nikodemus-Ikone. Und einige große Fotografien, Luftaufnahmen von München, wo ich studiert habe. So ein paar Dinge, die mich einfach an gute Etappen auf meinem Lebensweg erinnern. Trotzdem kann ich sagen: Mein Herz hängt nicht an diesen Dingen.

8. Bist du tätowiert oder gepierct?

Nein.

9. Dürfen sich Mönche überhaupt tätowieren oder piercen lassen?

Wir sind ja so was wie die letzten lebenden, funktionierenden Kommunisten: Wir Mönche haben keinen eigenen Besitz. Alles, was ich ausgebe, gibt mein Kloster aus, und alles, was ich einnehme, nimmt mein Kloster ein. Natürlich wäre es schon merkwürdig, wenn wir sozusagen das Geld, das wir erwirtschaften oder als Spenden bekommen, für Tattoos oder Piercings ausgeben würden – das wär' sehr schräg, und man müsste sich ernsthaft fragen: Ist das ein verantwortungsvoller Umgang mit Geld?

Aber wenn die Frage darauf abzielt, ob es aus theologischer oder moralischer Sicht erlaubt ist, dann würd' ich sagen: natürlich. Ganz grundsätzlich ist nichts dagegen einzuwenden, „sich zu schmücken". Die Bibel ist voll von Erzählungen, in denen Menschen sich schmücken, sich schön machen – und ich glaube, die Sehnsucht nach Schönheit gehört einfach zum Menschsein. Natürlich wären Tattoos, die blasphemisch sind und/oder Gott verhöhnen, unpassend. Genauso wie rassistische Tattoos oder dergleichen.

Tattoos können aber auch Teil einer Tradition sein. Die koptischen Christen beispielsweise haben welche am Handgelenk, vor allem, wenn sie nach Jerusalem pilgern. In der Altstadt von Jerusalem gibt es ein Tattoo-Studio, das seit Jahrhunderten existiert, da bekommt man solche „Pilgerzeichen" eintätowiert. Deswegen würde ich es für mich persönlich auch nicht grundsätzlich ausschließen, für die Zukunft.

10. Du glaubst an Gott – glaubst du auch an die Existenz des Teufels?

Schon wieder eine spannende Frage! Auch wenn ich sie nicht zum ersten Mal gehört habe. Also, ich sage es mal so: Gott ist der Allmächtige, der alle Mächte der Finsternis besiegt hat. Das heißt: erst mal gibt es keinen Grund, Angst zu haben vor dem Bösen. Aber – und das erfahre ich immer wieder: Auch in der heutigen Zeit erleben Menschen noch so etwas wie ein „Geheimnis des Bösen", des Schreckens, des Angstmachenden ... fast so eine Art „Geheimnis der Perversität". Man steht schaudernd davor und fragt sich: Ist das menschenmöglich? Warum tun Menschen anderen Menschen so etwas an? Zweifellos gibt es mehr zwischen Himmel und Erde als das, was wir so alltäglich wahrnehmen. Und ich würde schon sagen: Ja, es gibt auch ein Geheimnis des Dunklen. Aber wir sollten uns vor der Faszination hüten, die von ihm ausgeht. Es gibt sogar Satanisten, die sagen, dieses dunkle Geheimnis sei ihre Kraftquelle. Aber das Böse ist in letzter Instanz immer sehr banal und überhaupt nicht faszinierend. Im Grunde ist es einfach nur zerstörerisch.

11. Warum lässt Gott das Böse zu?

Wow ... Ich glaube, es hängt sehr eng zusammen mit dem Ernstnehmen unserer Freiheit. Unser Gott ist eben nicht ein Marionetten-spieler-Gott, der quasi zu seiner persönlichen Belustigung den Menschen geschaffen hat. Vielmehr glaube ich, unser Gott ist – im guten Sinne – so verrückt, dass er, weil er uns nach seinem Abbild geschaffen hat, uns die Freiheit gegeben hat, eigenverantwortlich zu handeln. Da ist diese Sehnsucht nach Liebe in jedem von uns. Also, warum wurden wir Menschen überhaupt erschaffen? Damit wir aus unserer Freiheit heraus zurücklieben können – ihn, der uns liebt, zurücklieben.

Aber eine Liebe, die nicht erzwungen ist, die Freiheit als Voraussetzung hat, muss eben auch zulassen, dass andere um diese Liebe buhlen oder dass diese Liebe sich auch verweigert. Vielleicht ist das der Grund, warum Gott bei vielem nicht einschreitet oder ein Machtwort spricht: um einfach die Freiheit des Menschen noch größer werden zu lassen.

12. Hattest du schon einmal Zweifel an deiner Entscheidung, ins Kloster zu gehen?

Oh ja, selbstverständlich.

Wenn Leute niemals Zweifel haben (auch diejenigen, die in einer Beziehung sind oder in anderen Lebenssituationen), dann würd ich sagen: Leute, denkt mal mehr nach über euer Leben und über das, was ihr tut. Ich glaube, so eine gewisse Unsicherheit, so ein Tasten, Ringen und eben Zweifeln gehört für mich zum Menschsein dazu. Wenn Menschen sich ihrer Sache 120-prozentig sicher sind, wird mir immer ein bisschen mulmig. Ich denke, es ist wichtig, auch mal zu irren, zu scheitern, zu suchen, zu fallen, sich selbst infrage zu stellen.

Erst dann wächst man
auch als Persönlichkeit.
Und ja, Zweifel in jeder
Form gehören dazu –
selbstverständlich.

13. Wie kämpfst du gegen Zweifel an?

Ich glaube, wenn man „ankämpft", dann wird der Zweifel zum Gegner. Aber das stimmt nicht. Der Zweifel ist nicht mein Feind. Das wäre ja so, als wenn ich sagen würde: Jemand, der Fragen stellt, ist mein Gegner, mein Feind. Vielmehr bringt ein „Fragensteller" mich auf neue Gedanken. Er lässt mich reflektieren, Dinge noch einmal durchdenken. Deshalb finde ich, wir sollten manchmal fast dankbar sein für unsere Zweifel, denn ich glaube, Zweifel und Glaube sind sehr eng verwandt. Der Zweifel zwingt mich, noch mal zu schauen: Was trägt mich wirklich? Was ist die Basis meines Lebens, das Fundament? Man muss dem Zweifel zuhören, ihn ernst nehmen. Und – jetzt muss ich als Gläubiger antworten, denn anders kann ich es ja nicht – den Zweifel im Gebet vor Gott tragen, bekennen, dass man zweifelt. Dass man mit sich ringt und nicht weiß, wie es weitergeht.

Ich glaube, auf diese Weise kann der Zweifel zu einem Freund werden. Er kann natürlich auch – und ich erahne, worauf diese Frage hinauswill – so tief gehen, so zerstörerisch sein, dass er einen in Abgründe stürzt. Aber aus einer solchen Tiefe kann man dann auch zu Gott schreien, wie wir es aus den Psalmen kennen: „Hol' mich raus. Hol' mich raus aus diesem Abgrund!"

14. Hat Gott dich schon einmal enttäuscht?

Das ist eine schwierige Frage. Ich würde sie eher umgekehrt stellen: Welches Bild habe ich denn von Gott?

Also, wenn Gott „enttäuscht", dann heißt es ja, Gott ist gewissermaßen eine Art Automat, eine Wunschkiste oder was auch immer ... Und wenn ich was will, dann geh ich zu ihm, und er erfüllt mir die Wünsche. Aber das ist ja nicht sehr reif. Für mich gibt es genug Dinge oder Situationen, in denen ich sage: Ja, zum Glück hat Gott da einen Strich durch mein Leben gemacht, zum Glück hat Gott mich jetzt auch mal ausgebremst.

Und ich bin durchaus dankbar für mehrere Etappen meines Lebens, in denen Gott mir aus damaliger Sicht Steine in den Weg gelegt und Stöcke zwischen die Beine geschmissen hat.

Natürlich braucht es manchmal ein paar Jahre, bis man solche Dinge auch annehmen kann. Und natürlich gibt es dieses Ringen mit Gott, diese Gottsuche, klar. Immer wieder taucht es auf, dieses Warum? ... Warum ist das jetzt so? Warum lässt du das zu? Warum?? – Klar, das gehört dazu. Wie gesagt: tägliches Brot!

15. Fühlst du dich Gott näher als „normale" Gläubige?

Boah – das wäre ja Arroganz pur! Nein. Gerade als Seelsorger und als jemand, der sehr viel Beichte hört, Beichtvater ist, Gespräche führt und Menschen geistlich begleiten darf, kann ich sagen: Es gibt sehr, sehr oft Momente, in denen ich tief berührt bin vom Glauben sogenannter – ich find' das allerdings ein ganz schwieriges Wort – „einfacher" Menschen. Manchmal glaube ich, ich als Mönch, Priester und Doktor der Theologie bin weit, weit mehr entfernt von Gott als mein Gegenüber.

Mir fällt sogar ein Beispiel dazu ein, nicht aus dem Bereich der Seelsorge: Samstags, wenn ich in Tel Aviv für die dortige deutschsprachige katholische Gemeinde Gottesdienst gefeiert habe, bin ich immer öffentlich gefahren, im Sherut, einem Sammeltaxi. Mit mir im Sherut: Eritreer, Äthiopier ... und sie haben während der Fahrt die ganze Zeit gebetet, Lieder gesungen und Lieder gehört. Diese Menschen, die die ganze Woche wirklich unter sehr, sehr harten Bedingungen arbeiten müssen, fast ausgebeutet werden, haben diesen einzigen freien Tag in der Woche. Den schenken sie ganz Gott, und das macht sie offensichtlich glücklich. Da dachte ich mir: Wow, Mann! Bist du noch weit entfernt von der Glaubenskraft dieser Menschen!

16. Was treibt dich an?

Sehnsucht!

Ich bin ein unglaublich sehnsüchtiger, hungriger Mensch, so ein richtiges Sehnsuchtswesen. Was mich antreibt, ist dieses „Mehr" mit „eh" (wobei „Meer" mit „ee" auch schön ist ...!): Ich empfinde das auch als Geschenk Gottes: diese Sehnsucht nach ihm. „Gottsuche", so lautet auch der schöne Begriff aus der Benediktsregel. Meine Grundfrage, mein Grundantrieb ist: „Das kann doch nicht alles sein?!" – Das „Mehr" treibt mich an, und irgendwie, ja: Ich hab Lebenshunger!

17. Was macht Glauben für dich wichtiger als Wissen?

Ich würde diesen Gegensatz nicht aufbauen. Das hört man ja oft: „Glauben ist nicht wissen" – aber das heißt ja nicht im Umkehrschluss, dass der Glaube wissensfeindlich ist. Ich bin selbst Wissenschaftler, promovierter Theologe – und das hat sehr viel mit Wissenschaft und Wissen zu tun. Mit Wissenserkenntnis, Wissenschaftstheorie und, und, und. Glaube heißt auch nicht: Gehirn ausschalten – so stellen sich das manche Menschen ja vor –, sondern es gibt sogar sehr viele Berührungspunkte zwischen den beiden Bereichen.

Sehr gute Wissenschaftler sagen auch heute noch: Unsere Erkenntnis ist nur so lange gültig, bis sie widerlegt wird. Das heißt, im Grunde wartet man als Wissenschaftler sogar regelrecht darauf, dass jemand kommt, der die eigenen Kenntnisse differenziert und relativiert. Denn das ist Wissenschaft: ein langsames Zugehen auf Ergebnisse, ein wachsendes Erkennen, während man immer noch weit davon entfernt ist, wirklich zu wissen, was Sache ist.

Und auch der Glaube hat genau dieses Tastende. Gott ruft mich, liebt mich, zieht mich, und ich nähere mich in diesem Prozess des Glaubens mit „Trippelschritten" diesem Gott an, der mir natürlich auf einer 100-stufigen Leiter 99 Stufen entgegenkommt. Ich muss nur diese eine Stufe gehen – aber oft brauche ich für die … ja, ein ganzes Leben.

18. Hat Gott einen Plan für jeden Menschen?

Ja, davon gehe ich aus. Ich glaube tatsächlich, dass unser Gott so verrückt ist – wieder im guten Sinne –, dass er, obwohl es aktuell Milliarden von Menschen gibt und noch -zig vor und -zig nach uns, dazu jede Menge andere Geschöpfe, den Mikro- und den Makrokosmos, dass Gott dennoch jeden einzelnen Menschen so ernst nimmt und so individuell liebt, dass es für ihn keine Menschen erster, zweiter, dritter Klasse gibt.

Ich bin tief überzeugt davon, dass es für jeden einzelnen Menschen mit seiner ganz eigenen, faszinierenden, schwierigen, herausfordernden Biografie einen individuellen Plan, eine individuelle Liebeskommunikation, eine wirklich ganz unverwechselbare Du-und-Du-Beziehung zwischen Gott und diesem Menschen gibt.

19. Wie sprichst du Gott an?

Also, ich duze ihn erst mal – wirklich, im Gebet. Ich würde sagen, meine Lieblingsanrede ist „Vater". Ich mag den Begriff „Vater" total als Bild. Natürlich übersteigt er alle Väter dieser Welt und natürlich ist er anders Vater, und natürlich ist das alles nur ein „Stammeln" – aber dennoch mag ich dieses Bild sehr. Auch Jesus selbst empfiehlt uns ja im Gebet, dem Vaterunser, ihn so anzusprechen.

Ich weiß, viele tun sich damit schwer, weil sie vielleicht schwierige Erlebnisse mit ihrem Vater hatten und der Begriff „Vater" dadurch möglicherweise für sie sogar vergiftet ist. Ich muss ehrlich sagen, ich bin ein Scheidungskind.

Ich bin ohne meinen Vater groß geworden – und dennoch, oder vielleicht gerade deswegen, liebe ich es tatsächlich, meinen Gott mit „Vater" anzusprechen.

20. Hat Gott für dich ein Gesicht?

Ja. Theologische Antwort: in Jesus Christus! Gott ist Mensch geworden, und dadurch hat Gott sich ein Gesicht gegeben. Wir glauben – das heißt, alle Christen glauben –, dass Jesus Christus wahrer Gott und wahrer Mensch ist und dass tatsächlich in ihm Gott ein Gesicht bekommen hat. Das ist ja das Faszinierende, dass wir Christen glauben, dass unser Gott sich so kleinmacht, dass er einer von uns geworden ist und dass wir in Jesus ein Gesicht von ihm haben, ihn sehen können, riechen können, hören, schmecken, anfassen ... Ja, er ist schon faszinierend, unser Glaube.

21. War Maria wirklich Jungfrau?

Ich würde sagen: ja!, auf jeden Fall: ja. Das sagt schon das Glaubensbekenntnis. Nur, was bedeutet das? Ich glaube, dieses Bild wird oft biologistisch missverstanden. Die Jungfrauenschaft Marias ist ja eine theologische und keine gynäkologische Aussage. Maria hat aus freien Stücken gesagt: Ja, ich bin bereit, dass Gott in mir Mensch wird – dafür steht dieser Begriff der Jungfräulichkeit. Auch der Johannesprolog sagt: „Nicht aus dem Willen des Fleisches, nicht aus dem Willen des Mannes, sondern aus Gott geboren." Die theologische Aussage ist also, dass Gott ohne jegliche Gewalt Mensch wurde.

22. Wann ist dir Gott zuletzt begegnet?

Das ist so eine Frage ... Ja, ich könnte sagen: tagtäglich, im Gottesdienst, in der Eucharistiefeier. Wir bekennen ja, wenn wir sein Wort (also die Heilige Schrift) hören und ihn empfangen in der Eucharistie: Das ist wirklich „Gott selbst", der sich da auf uns einlässt, den wir da in uns aufnehmen dürfen – durch die Gehörgänge und den Mund. Wir dürfen ihn schmecken, ihn uns einverleiben. Wahnsinn, wenn ich darüber nachdenke, einfach Wahnsinn – aber das ist unser Glaube. Und tatsächlich, dieser Gott kommt mir tagtäglich auf diese Art und Weise entgegen. Aber dann gibt es da noch den indirekten Weg: viele Begegnungen mit Mitmenschen, wo etwas Göttliches aufleuchtet.

Denn jeder Mensch
ist nach dem Abbild
Gottes geschaffen.

**23. Was war dein außerge-
wöhnlichstes Erlebnis beim
Gebet? Oder dein lustigstes?**

Gebete sind in dieser Hinsicht nicht so spek-
takulär ... da ist einfach diese Schönheit des
Getragenwerdens, ganz egal, wie die eigene
Stimmung ist. Natürlich, es gibt Höhepunkte
der Liturgie, wie zum Beispiel die Osternacht
oder die Karfreitagsliturgie – einfach wunderbar.

Aber es gibt durchaus auch Skurrilitäten –
klar, da erinnere ich mich an einige. Wahrscheinlich liegt es in der Natur der Sache,
dass die Kirche auch immer – wie soll ich das
formulieren? –, sagen wir: „seelisch Bela-
dene" anzieht. Und gerade hier in Jerusalem
werden wir ja auch ab und zu mit dem sogenannten „Jerusalem-Syndrom" konfrontiert:

Menschen identifizieren sich mit einer heiligen Person aus dem Alten oder Neuen Testament. Da kommt dann schon mal einer, in ein weißes Bettlaken gehüllt, setzt sich in die Apsis und sagt: „Hallo, ich bin Jesus, gebt mir euer bestes Essen!" Da muss man dann irgendwie schauen, dass man diesen „Jesus" sozusagen einfängt und ihn dazu bringt, dass er für alle angenehm mitfeiert und nicht das Ruder des Gottesdienstes übernehmen will. Auch aus meiner Zeit in Berlin erinnere ich mich an einige Gottesdienste, die von Menschen gestört wurden – nicht aus Aggression oder bösem Willen, sondern offensichtlich, weil sie nicht ganz gesund sind. Und das ist natürlich manchmal nicht frei von Humor.

24. Bist du schon mal beim Gottesdienst eingeschlafen?

Oft steh ich ja dem Gottesdienst vor und müsste umgekehrt fragen: Hab ich die Leute schon dazu gebracht, einzuschlafen? Ja, gesunder Kirchenschlaf ist ja sogar biblisch. Das ist nichts Schlechtes und heißt im Gegenteil, dass man Vertrauen hat, dass man sich wohlfühlt. Trotzdem: Ich kann mich nicht erinnern, dass ich mal eingeschlafen wäre ...

Aber ein anderes Problem ist mir durchaus bekannt: wenn im Gottesdienst die Blase drückt. Das ist furchtbar! Meine schlimmste, gewissermaßen traumatischste Erfahrung hatte ich als Ministrant im Fuldaer Dom. Weihnachten, erster Weihnachtsfeiertag. Der Domchor hat gesungen, ich habe die

Mitra des Bischofs gehalten – ein großes Pontifikalamt. Direkt hinter mir war eine Weihnachtskrippe mit einem Wasserfall. Die ganze Zeit hab ich dieses Plätschern gehört, und ab dem Kyrie – also relativ am Anfang – hab ich gemerkt: Ich muss zur Toilette! Für mich war das ein Gottesdienst, bei dem ich wirklich durchgelitten habe. Ständig habe ich mich gefragt: Wie weit sind wir? Wann kann ich endlich zur Toilette? Grauenvoll!

Deswegen habe ich bis heute eine große Abneigung, wenn ich in Kirchen gehe und sehe irgendwelche Brunnen, Wasserfälle oder sonstige Wasserspiele ... also ehrlich, das gehört verboten! Später haben mir alle gesagt, ich hätte doch einfach rausgehen können. Aber ich war eben noch jung. Da will man natürlich eine gute Figur machen und denkt, alle kriegen es mit, wenn man rausgeht. Heute wäre ich da cooler. Übrigens

musste ich auch als Priester in der Osternacht mal auf die Toilette. Da hab ich dann
während eines Liedes einfach signalisiert,
dass ich rausmuss. Ist ja nur menschlich!

25. Beichtest du eigentlich auch? Und wenn ja: wo?

Ja, ich beichte selbstverständlich auch, ich kenne das Sakrament also von beiden Seiten. Wenn ich beichte, dann bei einem Priester, der nicht Mönch ist, der nicht zu unserer Gemeinschaft gehört. Denn es ist durchaus ratsam, da eine gewisse Distanz zu haben. Wenn ich zu ihm gehe, ist das meist nicht nur eine kurze Beichte, sondern vielmehr ein „geistliches Gespräch", bei dem es darum geht: Was war los im Leben? Welche Fragen stehen an? Worum ringe ich gerade? Wie ist die Zukunft? ... Und das kann durchaus drei bis vier Stunden dauern.

26. Wann hast du zuletzt gesündigt?

Täglich! Im Ernst. Man muss ja unterscheiden: Zum einen gibt es die großen Sünden – die schweren, die Todsünden, die im schlimmsten Fall Leben zerstören. Die kommen doch eher selten vor. Zum Glück! Aber dann gibt es zum anderen diese kleinen Sünden, die tatsächlich auch mein täglicher Begleiter sind: eine Unachtsamkeit hier, eine Unwahrheit da ... Rücksichtslosigkeit, Schludrigkeit, Gehässigkeit ... ja, diese kleinen Dinge, von denen bin ich leider überhaupt nicht frei und deshalb auch weit entfernt davon, mein Menschsein so zu leben, wie ich das eigentlich sollte und könnte.

27. Und wenn du sündigst, geschieht das bewusst?

Nun ... das trifft genau den Kern der Sache. Denn unbewusste Sünden sind moralisch ganz schwer zu beurteilen. Aber meist weiß man ja ganz genau: Das ist jetzt eigentlich nicht dran, es ist nicht richtig! Oft sind es die kleinen Sachen ... man ist *bewusst* zu einem anderen Menschen gehässig. Das passiert nicht einfach so, und man denkt sich dann: Huch, jetzt war ich „zufällig" gehässig, wollte ich gar nicht sein. Nein, Quatsch. Wenn man gehässig ist, jemandem sozusagen zynisch und gemein einen verbal reindrückt, dann geschieht das in vollem Bewusstsein. Das sind die Abgründe des Mensch-Seins – und ja, davon bin auch ich nicht frei.

28. Wann hast du zuletzt geflucht?

Boah – das ist tatsächlich keine Baustelle von mir: Ich bin kein fluchender Mensch. Manchmal fahre ich mit Leuten im Auto, die fluchen den ganzen Tag. Also das ist bei mir nicht so, ich kenne das gar nicht. Das kann ich mit gutem Gewissen sagen, denn ich hab genug andere schlechte Angewohnheiten – aber Fluchen gehört nicht dazu.

29. Hat das Böse ein Gesicht?

Hm ... ich glaube, die Menschen in Lateinamerika, Afrika oder auch Asien würden sagen: Klar! Auch unser Papst spricht ja sehr oft vom Teufel, vom Satan. Aber wir in Europa tun uns doch ein bisschen schwer mit einer solchen Aussage. Klar, das Böse gibt es. Aber ob es ein Gesicht hat, ist letztendlich nicht wichtig. Ich kann dazu nur immer wieder sagen: Lieber sich mit dem Guten beschäftigen, mit dem Licht, mit Gott. Das ist besser, als sich mit dem „Geheimnis des Bösen" zu beschäftigen.

Na ja, die Menschheit würde aussterben! Das wäre damit die letzte Generation. Manche würden wahrscheinlich sagen: super! Aber ich bin mir gar nicht sicher, ob dieser Planet ohne Homo sapiens wirklich ein besserer wäre. Ich bin schon davon überzeugt, dass der Mensch an sich gut ist und dass es auch gut ist, dass es die Menschen gibt. Natürlich sind alle Menschen auf dieser Erde Ringende, Suchende. Sie sind unperfekt, sonst wären sie keine Menschen. Aber es gibt immer wieder tolle Ansätze: Alle Menschen, die hier leben, haben eine wunderbare Lebens-Berufung und sind konstruktiv, bauen auf, sind visionär – kreativ. Also, ich liebe Menschen. Und ich liebe das Mensch-sein. Ich glaube, es ist *eine* legitime Form des Menschseins, Mönch zu werden – aber definitiv keine, die ich der gesamten Menschheit raten würde, denn dann hätten wir ein Reproduktionsproblem.

31. Was ist das Reich Gottes?

Wow, Hammerfrage! Das ist das, wovon Jesus Christus immer predigt. Seine große Botschaft vom Reich Gottes. Ja, das Reich Gottes ist das große Ziel, die große Hoffnung, die Fülle, die Gott uns Menschen verheißen hat. Dieses Reich Gottes ist schon angebrochen. Es ist schon da, samenhaft, aber noch nicht erfüllt. Das heißt – und das ist ja das Spannende am Menschsein und am Leben –, wir sind mittendrin in dieser Spannung. Wir sehen, was alles nicht gut geht. Dafür haben wir in letzter Zeit einen sehr wachen, kritischen Blick entwickelt, bezogen auf unseren Umgang mit der Schöpfung und mit anderen Menschen. Aber diese Welt, diese Erde, dieses Leben ist auch so wunderbar.

Es fasziniert mich, wie kreativ, visionär Menschen sind. Auch der ganze Bereich der Kunst – da leuchtet schon was Paradiesisches auf. Für mich heißt das, das Reich Gottes hat schon begonnen, aber eben im Verborgenen. Unser Lebensziel ist genau diese Fülle, diese satte, saftige Lebensfülle. Bei Gott zu sein ohne Nebel, ohne Brüche.

32. Hast du noch Ängste, obwohl du an Gott glaubst?

Angst ist nicht mein Problem. Also, ich bin ein sehr angstfreier Mensch. Tatsächlich merke ich, ich habe ein ganz großes Empathieproblem – oder anders gesagt: Ich verstehe einfach das Problem nicht, wenn Menschen Ängste haben. Ich bin gern im Gazastreifen unterwegs, ich bin Mönch in Jerusalem, in einem Konfliktgebiet. Ich mag es gern, wenn der Adrenalinspiegel etwas höher ist. Und nein, ich habe auch keine Angst vor Menschen.

Aber ich kenne ein Gefühl, das in gewisser Weise mit Angst vergleichbar ist. Wenn man mich fragen würde: Was ist deine Hauptangst?, dann würde ich sagen: Lampenfieber.

Das kenne ich massiv. Wenn etwas Großes ansteht, werde ich sehr, sehr aufgeregt und nervös. Aber tatsächlich gibt mir mein Glaube eine große Grundgelassenheit, sodass ich keine Angst vorm Leben habe, keine Angst vor Menschen, keine Angst vor Zukunft. Ich habe ein großes Ur- und Grundvertrauen aus meinem Glauben heraus.

33. Wann oder wo fühlst du dich Gott besonders nah?

Na, im Gebet! Das ist meine Quelle. Als Mönch ist das natürlich genau mein Begegnungsort, wo ich mich ganz fokussiert in Gottes Gegenwart stelle. Das heißt: im Stundengebet, bei den Psalmen und natürlich – ganz intensiv – bei der Feier der Eucharistie, der heiligen Messe. Das sind schon sehr tröstende, stärkende Momente.

34. Was war zuerst da: das Ei oder das Huhn?

Tja ... Ich würde sagen, wenn Ei Schöpfung ist – jetzt bildlich gesprochen – und Huhn sozusagen das schöpfende Wesen ... wobei, also das Bild ist schräg! Aber dennoch, ja – ich tendiere eher zum Huhn.

35. Jesus war ein Menschenfischer. Wie fischt man heute Menschen?

Ich glaube, das ist ein Bild, das heute eher irritiert. Es stammt natürlich aus der Zeit der Antike, wo es den Leuten näher war; heute würde man vielleicht moderner fragen: Wie begeistert man Menschen? Wie entflammt man Menschen? Wie weckt man in einem Menschen die Sehnsucht nach einem Leben in Fülle?

Und damit hab ich praktisch schon die Antwort geliefert: Wir müssen mehr Sehnsüchte wecken! Wir als Kirche, als Gemeinschaft, die auf dem Weg zu Gott ist und eigentlich eine wunderbare Botschaft hat, müssen uns da ein bisschen bewegen. Mir stellt sich oft die

Frage, ob wir nicht in einer Art Bürokraten-sprache einfach Antworten verwalten auf Fragen, die heute so keiner mehr stellt. Oder umgekehrt keine Antworten geben auf die Fragen, die gestellt werden.

Für mich gilt ganz grundsätzlich: Ich liebe Sehnsucht! Ich finde, Sehnsucht ist der stärkste Antrieb, den wir Menschen haben. Sehnsucht im Menschen zu wecken, das hat im säkularen – also im weltlichen – Bereich die Werbeindustrie sozusagen perfektioniert! Jetzt sage ich nicht, dass wir von der Werbung lernen sollten. Aber den Menschen zuzuhören, Sehnsüchte in ihnen zu wecken, ihnen die Angst vor den Sehn-süchten zu nehmen und ihnen zu vermit-teln: Sehnsucht ist gut! – das ist für mich der richtige Ansatz.

Augustinus sagt: „Meine Seele ist unruhig, bis sie ruht in dir." Eine wunderbare Aussage! Wir müssen in den Menschen wieder die Sehnsucht entflammen und Lust auf Glauben machen. Und diese Sehnsucht, diese unendlich starke Kraft, sollten wir nicht mit Placebos stillen, sondern mit dem, was wirklich satt macht. Das ist Gottsuche!

Das Leben in Fülle! Das kann ich so offen sagen – und so sagt es ja auch unser Ordensgründer Benedikt in seiner Regel, der „Regula Benedicti", die Regel, nach der wir Mönche leben. Im Prolog sagte er: „Wer ist der Mensch, der das Leben liebt und gute Tage zu sehen wünscht?" Das finde ich total stark!

Ich selbst bin nicht im Kloster, weil ich sage: Boah, geh mir weg mit Familie! Ich bin nicht im Kloster, weil ich sage: Weg mit eigenem Konto! Ich gehe nicht so weit zu sagen: Da werd' ich immer bekocht ...! Und ich habe auch nicht das Kloster gewählt, weil ich ein lebensunfähiger Typ bin, der irgendwie menschenfeindlich ist und am besten nur seine Ruhe haben will, hinter dicken Mauern. Nein, für mich hat genau diese Frage gepasst: „Wer ist der Mensch, der das Leben liebt und gute Tage zu sehen wünscht?" Ich bin immer angezogen von Lebensfülle. Auf der anderen Seite fremdle ich massiv mit allem, was irgendwie verkrustet oder bürokratisch ist, in einem erstickenden täglichen Trott ... wenn die Lebensflamme nicht mehr brennt.

37. Brauchen wir überhaupt Religionen?

Ja! Sehr stark sogar, würde ich sagen. Um das Bild noch mal aufzugreifen: Ich glaube, Gott hat jedem Menschen so eine Art Sehnsuchtsflamme ins Herz gesetzt. Und das ist auch das Fairste, was es gibt. Wenn es etwas gibt, das wirklich fair verteilt ist, dann das. So vieles in diesem Leben ist ja nicht fair verteilt aufgrund von Geburt, Einkommen, Herkunft, Umwelt, Gesundheit und so weiter... Aber wir haben alle gleich viel Sehnsucht, nämlich: unendlich. Und ich glaube, die Sehnsucht braucht irgendwo einen Raum, wo sie wachsen kann, wo sie gestillt werden kann, wo sie genährt wird, wo sie eben nicht mit Placebos wie materiellen Gütern, Anerkennung, Applaus, Macht und so weiter zugestopft wird.

Meiner Meinung nach haben Religionen, genauer gesagt Hochreligionen – ich rede jetzt eben nicht von „Sekten" – wirklich diese Verantwortung, diese Sehnsüchte der Menschen im guten Sinne zu kanalisieren auf das wahre Ziel der Sehnsucht, auf Gott hin.

38. Hast du schon mal Kontakt mit obskuren Religionen gehabt?

Oh ja, selbstverständlich! Wenn man auf gewisse Weise in der Öffentlichkeit steht, gibt es tatsächlich Menschen – das finde ich immer mutig –, die versuchen, mich als promovierten Theologen zu überzeugen, dass ich auf dem Holzweg bin. Natürlich gibt es diese, wie wir sie nennen, „neu-religiösen" Gemeinschaften, auch okkulte. Aber letztendlich kann heute jeder Kontakt haben mit Menschen, die obskure (religiöse) Ansichten vertreten. Die sozialen Medien sind leider voll davon.

39. Lernt man im Kloster auch kritisch über Religion zu denken?

Ja, absolut! Wir sind ja kein Brainwashed-Verein. Wenn jemand zu mir kommen und mir sagen würde: „Ich hab keinen Mut zum Leben ... ich brauche jemanden, der mir Befehle erteilt und mir sagt, was ich machen soll", dann würde ich ihm antworten: „Dann ist das Klosterleben aber nichts für Sie."

Klosterleben braucht genau diese Spannung, das Ringen, die Gottsuche. Das bedeutet gleichzeitig auch die Suche nach dem richtigen Gemeinschaftsleben, die Suche nach dem richtigen Glaubensleben – und letztendlich muss man sich immer wieder die Frage stellen: Wo verwechsle ich vielleicht meinen eigenen Vogel mit dem Heiligen Geist? Ich würde sogar so weit gehen zu sagen: Es gibt kaum selbstkritischere und wachkritischere Menschen innerhalb der Kirche als Mönche und Nonnen.

40. Gibt es noch Hoffnung für Atheisten?

Absolut! Also, zunächst mal sind ja Atheisten sozusagen ein Glücksfall des Gesprächs. Diese Menschen sind mir schon mal super nahe, weil sie Glauben und Religion, also die Frage nach Gott, so ernst nehmen, dass sie sich bewusst für eine Antwort entschieden haben. Also *ich* hab mich entschieden: Ja, es gibt Gott, und ich will ihn suchen. Und die haben gesagt: Nein, es gibt Gott nicht. Aber sie haben sich zumindest mit der Frage beschäftigt. Das heißt für mich: eine super Ausgangsbasis!

Ich bin Atheisten unglaublich dankbar für ihren kritischen, wachen Blick, der die „Nebenwirkungen" von Religion ins Visier nimmt.

Denn so wie eine Medizin, die Heilung bringt, meist Nebenwirkungen hat, hat auch Religion Nebenwirkungen. Und Atheisten sind sehr, sehr gut darin, uns zu zeigen: Hier gibt es Momente, wo Religion toxisch wird, wo sie nicht gut ist, wo sie sich verrannt hat und wo sie vielleicht auch zu sehr an Macht, Geld oder Applaus geleckt hat und mehr davon möchte. Ja, so ein Gespräch mit einem richtig schönen Atheisten ist eine wunderbare Sache! Noch spannender ist allerdings ein Gespräch mit einem Menschen, dem Religion völlig egal ist. Das ist für mich eine noch größere Herausforderung.

Da müssen wir erst mal klären: Wer ist in diesem Fall mit „Kirche" gemeint? Also, ich habe diese Angst nicht. Obwohl ich durchaus glaube, man müsste mit den Menschen noch stärker in den Dialog treten. Zudem ist die Frage wirklich komplex ...

Weltweit gesehen steigen ja im Gegenteil die Mitgliederzahlen. Und gerade die römisch-katholische Kirche ist eine Welt-Kirche, die massiv zunimmt. Was du mit „Schwinden" meinst, ist sehr stark auf Europa, vor allem Zentral-Westeuropa, bezogen. Natürlich, auch in Lateinamerika ist es problematisch ... dort wenden sich viele Leute den sogenannten „Neo-Pfingstkirchen" zu. In Europa geht man eher in diese „nicht gebundene konfessionelle Indifferenz", ich nenne es auch „freundlichen Abstand".

Ich glaube, bei all diesen Prozessen müssen wir uns immer die Frage stellen: Werden wir unserem Auftrag der Gottsuche gerecht? Können wir die Leute noch abholen oder hat sich da möglicherweise auch vieles verkrustet? Vielleicht brechen gerade durch solche Fragestellungen auch Verkrustungen auf, und das kann ja durchaus heilsam sein!

42. Muss die Rolle der Frau in der Kirche gestärkt werden?

Ja, definitiv – ich glaube, da sind sich alle einig. Wir müssen schauen, wie wir Frauen stärker einbinden können, auch in Leitungsfunktionen. Sie müssen mehr zu Wort kommen, damit ihre Position auch gehört werden kann. Unbedingt.

43. Ist eine Reform dahingehend, dass Mönche und Priester Familie haben können – also Abschaffung oder zumindest Überdenken des Zölibats –, sinnvoll und überfällig?

Na ja, den Zölibat für Mönche abzuschaffen, das wäre ja Quatsch. Er gehört zu unserem Wesen – ebenso wie für Nonnen. Auch buddhistische Mönche heiraten nicht. Das Unverheiratetsein gehört nun mal zum Mönchsein. Es abzuschaffen, wäre praktisch die Auslöschung meiner Lebensform. Deshalb wäre ich – sozusagen im Sinne des „Artenschutzes" und auch im ganz persönlichen Hinblick darauf, dass mein Leben glücklich ist – massiv dagegen. Bitte lasst uns Mönche, wie wir sind. Wir haben eine so große Vielfalt in der heutigen Gesellschaft: Man darf heute lieben, wen, was und so viel man will. Also bitte lasst uns auch das Refugium derer, die so leben wollen wie wir.

Wenn es dagegen um das Zölibat für die Diözesanpriester geht – also Weltpriester, die nicht Mönche sind –, dann denke ich, kann man sicher darüber diskutieren. Hier würde ich persönlich das Modell der Ostkirchen befürworten, von dem ich als Ostkirchenkundler ziemlich überzeugt bin: Wenn jemand Priester werden will, sollte er entweder Mönch sein, so wie ich, oder weltlicher Priester werden und heiraten dürfen.

44. Was stört dich an deiner Kirche am meisten?

Verkrustungen! Die machen uns unattraktiv.

Man unterscheidet ja zwischen sogenannten „heißen" und „kalten" Religionen. „Heiße" Religionen sind oft das, was die Leute spannend finden, weil sie sehr unkompliziert sind, so spontan und kreativ. Angeführt von charismatischen Guru-Typen, die die Menschen anziehen ... wobei sich oft später rausstellt, dass eben diese Gurus auch ihre Schattenseiten haben. Ich bin grundsätzlich sehr kritisch, wenn eine Art Personenkult entsteht. Aber dennoch: Da ist einfach dieser Charme des Spontanen.

Und dann sind da auf der anderen Seite eben die „kalten" Religionen, wie wir: eigene Gerichtshöfe, eigenes Recht, eigene Tarifverträge und was weiß ich was alles. Wo man sich denkt: Boah, dieser Ballast, diese Organisation ...! Irgendwie das Gegenteil von „sexy". Gehört aber eben auch dazu, wenn man über ein paar Jahrhunderte bestehen will.

Dennoch: Für meine Wahrnehmung wird zu viel geredet, nachgedacht und Geld in die Hand genommen, um verkrustete Strukturen zu erhalten. Das hat auch etwas mit dem Streben nach Machtpöstchen, Geld und Applaus zu tun. Ich würde mir wünschen, dass wir wieder mehr Lust haben, wirklich rauszugehen, keine Angst zu haben vor dem Leben und vor Begegnungen – und uns zur Not auch mal zum Affen zu machen.

45. Ist es anstrengend, ein Mönch zu sein?

Ja, finde ich schon. Aber ich will gar nicht klagen. Sicherlich gibt es sowohl Menschen, die ein härteres Leben haben, als auch solche, die ein leichteres Leben haben. Grundsätzlich ist es dennoch nicht so einfach, wie man vielleicht denkt. Unser Tagesablauf ist von großer Disziplin geprägt. Arbeit, Gebet, Studium ... all das ist sehr strukturiert. Und das Gemeinschaftsleben: So schön es ist, so anstrengend ist es auch. Man kann sich das vorstellen wie eine Großfamilie, in der aber niemand ineinander verliebt ist, sondern wir sind alle Geschwister. Wir nennen uns ja auch „Bruder". Die Geschwisterbeziehung ist ja im Allgemeinen die längste und gleichzeitig komplexeste Beziehung im Leben eines

Menschen. Auch wir sind wie Geschwister, die wir uns nicht ausgesucht haben, die nun aber aufeinanderhängen und miteinander klarkommen müssen. Da gibt es viel Reibungsverlust.

46. Wie verdient ihr euer Geld?

Das ist von Kloster zu Kloster verschieden. Also erst mal: Wir kriegen nichts von der Kirchensteuer. Das ist, glaube ich, in Deutschland ein weitverbreitetes Missverständnis. Sondern wir müssen unternehmerisch tätig sein. Fast alle Klöster haben Gästebetriebe, Gästehäuser. Wir haben beispielsweise einen Klosterladen und eine Cafeteria für die Pilger, die uns besuchen. Das heißt, ganz klassisch: Der Pilger, der zwei Postkarten kauft, auf die Toilette geht und seinen Espresso trinkt – und das in der Masse –, genau das ist unsere Haupteinnahmequelle. Aber wie fast alle Klöster sind auch wir auf Spenden angewiesen: Menschen, die uns so mögen, dass sie uns auch freiwillig unterstützen in unseren Projekten und in dem, was wir tun.

47. Wie oft betest du am Tag?

Es gibt das Gemeinschaftsgebet und das einzelne Gebet. Lass mich durchrechnen ... das Gemeinschaftsgebet ist fünfmal am Tag. Und dann gibt es natürlich das private Gebet, nur für mich. Das lässt sich zeitlich nicht messen oder zählen, das sind einfach die Räume, die ich mir nehme – auch zur „Lektio", zum Bibelstudium. Auf jeden Fall macht Gebet enorm viel aus in meinem Tageslauf. Aber für mich ist das ein großer Luxus. Weil ich Mönch bin, kann ich mir so viel Zeit dafür nehmen. Andere haben Familie, haben einen Beruf, der das in dieser Form nicht zulässt, wie ich es leben darf.

48. Gibt es ein Schweigegelübde und falls ja, was ist der Sinn dieses Schweigegelübdes bei euch?

Ja, haben wir. Es gibt die „Große Stille": nach dem letzten Gebet des Tages, der Komplet, bis zum Frühchor. Da sollte man einfach Raum geben für die Ruhe in unserer lauten Welt. Den ganzen Tag gibt es Kontakte – gerade durch diesen „Begleiter", den natürlich auch wir Mönche haben: das Smartphone. Ständig ploppen Nachrichten auf ... Für ein Leben im Glauben braucht es aber auch unbedingt diesen Kontakt, diese Hellhörigkeit hinauf zu Gott.

Denn im Lärm des Alltags lässt sich die Frage nach Gott und die Frage nach dem wahren Leben, den wahren Sehnsüchten auch wunderbar übertönen – durch Lärm. Und genau das wollen wir eben nicht.

49. Hast du einen Fernseher in der Zelle?

Nein! Aber, wie gesagt, ich hab ein Smartphone. Ich bin in den sozialen Medien sehr aktiv. Ich nutze sie sowohl als Content-Ersteller als auch als Konsument – damit kann man schon sehr viel Zeit verbringen. Die sozialen Medien sind in vielerlei Hinsicht ganz wunderbar: beim Sprachenlernen zum Beispiel. Ein Traum! Es ist toll, Videos zu schauen und Podcasts zu hören, um eine andere Sprache zu lernen. Auch für Informationen sind diese Medien sehr hilfreich. Aber man kann sich auch verzetteln in Ablenkung, in Tralala und Unterhaltung ... und später sagt man sich: Na ja, die halbe Stunde hätte ich auch sinnvoller nutzen können! Aber gut, ist halt so.

50. Wie sieht es mit Rente aus – bekommst du später eine Rente?

Das ist mittlerweile heute alles besser geregelt als früher. Ich habe ja kein eigenes Konto, sondern das Kloster kümmert sich um meine Vermögensverwaltung. Das heißt, mein Kloster sorgt natürlich auch im Alter für mich. Jedes Kloster hat das allerdings individuell geregelt. Wir zum Beispiel haben eine Lebensversicherung, und wir sind alle sozialversichert. Auf diese Dinge wird viel Wert gelegt, denn es kann ja auch immer passieren – was man sich natürlich nicht wünscht –, dass mal jemand das Kloster verlässt, austritt. Und dann darf diese Person nicht mit nichts dastehen. Man hat auch eine Verantwortung.

51. Betreibst du Selbstgeißelung?

Nein! Das ist auch so ein Vorurteil. Also, sorry ... aber ich kenne keinen einzigen Mönch, der das tut. Ich glaube, da geht die blühende Fantasie mit manchen Menschen durch. Ich vermute auch, der Film „Der Name der Rose" ist an dieser Vorstellung nicht ganz unschuldig. Klar, in der Vergangenheit gab es solche Exzesse – das ist aber schon ein paar Jahrhunderte her –, dass man tatsächlich der Überzeugung war, man müsse den Körper irgendwie „züchtigen" nach dem Motto: Der Geist, der Wille, ist stärker als jede Körperlichkeit. In gewisser Weise wollte man den Körper dadurch besiegen. Man könnte es auch eine ganz große Leibfeindlichkeit nennen.

Im weltlichen Bereich sehe ich die übrigens auch heute wieder ... diese „Selbstgeißelung" durch manchen Fitnesswahn. Was ich da im Netz so sehe, was man angeblich alles tun und wie man sich ernähren soll, was man nicht essen darf und welchen Work-out man machen muss und so weiter. Also, da denke ich mir: Selbstgeißelung gibt es nicht im Kloster, sondern draußen in der Welt. Manchmal hab ich das Gefühl, die Letzten, die noch wirklich Spaß am Leben haben, sind wir Mönche!

52. Sind Genussmittel wie Alkohol erlaubt?

Ja, selbstverständlich! Also bitte: Wir Mönche haben die Bierbraukunst entscheidend vorangebracht. Ich sag nur das Stichwort: belgische Trappistenbiere. Auch im Weinbau sind wir sehr aktiv, viele Likör- und Schnapsbrennereien sind in Klosterhand ... Die Welt wäre ärmer, wenn es das alles nicht gäbe.

Ich würde sagen: Unsere Haltung als Mönche bei dem Thema ist radikal moderat. Es geht eben nicht um Selbstgeißelung und darum, möglichst verhärmt zu sein, ein spaßbefreites Leben zu führen. Auf der anderen Seite leben wir auch nicht den rauschhaften Exzess, wo wir jeden Tag unseren Adrenalinspiegel auf ein Maximum steigern müssen.

Aber gerade am Sonntag gehört Wein zum Mittagessen, ein Bier zum Abendessen und danach ein Schnaps – an normalen Werktagen eben nicht. Ich würde sagen, wir haben einen gesunden Umgang mit Genussmitteln. Wir können das Leben genießen, ohne Selbstgeißelung und ohne Exzess.

53. Wer kocht im Kloster?

Wir haben Angestellte, Köche, die für uns kochen. Es gibt noch wenige Klöster, wo auch Mitbrüder kochen. Aber das ist auch heikel, denn dann ist der Koch natürlich neben dem Abt der wichtigste Posten. Das Essen macht schon sehr viel aus, was die Laune im Kloster betrifft.

54. Wird streng gefastet?

Ja, gefastet wird durchaus. Gerade in der Fastenzeit hat sich bei uns im Kloster eingebürgert, dass wir uns vegetarisch ernähren, aber eben nur am Werktag. Sonntag gibt es dann auch Fleisch. Viele Brüder verzichten in der Fastenzeit außerdem auf Alkohol. „Streng" würde ich trotzdem nicht sagen, denn auch hier übertreiben wir es nicht. Fasten gehört dazu, aber eben in Maßen. Das ist auch Mönchsein: den gesunden Mittelweg finden. Man kann alles zu viel machen und alles zu wenig.

55. Warum sind viele Mönche so dick?

Tendenziell vielleicht ... es gibt auch super-dünne. Wobei ich da ein schlechtes Bei-spiel bin, ich bin tatsächlich dick. Aber das ist natürlich auch das Bild in der Werbung, in gewisser Weise stehen wir ja dafür. Um es mal theologisch zu sagen: Christus spricht vom „Leben in Fülle" – und wir sind eben dem Genuss nicht abgeneigt. Wahrscheinlich sind wir in der heutigen Zeit sogar die Letzten, bei denen Genuss noch wirklich erlaubt ist. Diese ganzen „Anleitungen zur Selbstgei-ßelung" ... jeder versucht unter größten An-strengungen, sich und seinen Körper mög-lichst zu optimieren. Ich dagegen sage: Ich bin von Gott geliebt und von Gott erlöst.

Er zählt nicht meine Kalorien und stellt mich nicht jeden Tag auf die Waage. Ich bin mir ziemlich sicher, dass es Gott egal ist, ob ich ein kleines Bäuchlein hab oder nicht.

56. Schon mal Cannabis geraucht ... schon mal „einen durchgezogen"?

Nein – reizt mich nicht. Ganz im Ernst: Mein Leben ist spannend genug, da brauche ich keine Placebos, die es irgendwie pseudo-spannender machen.

Nein, so würde ich das nicht ausdrücken. Klar, es gibt Personalakten von allen Mönchen, die fallen unter einen gewissen Persönlichkeitsschutz. Aber in der Regel sind viele Dinge trotzdem bekannt. Nur mal als Beispiel: Wenn jemand eine chronische Krankheit hat und spezielle Medikamente braucht, dann geht man damit natürlich nicht in der Öffentlichkeit hausieren, aber im Kloster weiß man schon darum. Im Großen und Ganzen kennt jeder die Stärken und Schwächen der anderen, und man trägt sie gemeinsam.

58. Hast du dich schon mal in Ekstase gebetet?

Hm ... Das ist eine Frage der „geistlichen Erfahrungen". Was ich durchaus kenne, ist, dass ich bei der Feier von wirklich schönen Liturgien – zum Beispiel in der Osternacht, wirklich *die* Feier im Jahr – in so eine Art Flow komme. Da bin ich dann schon sehr, sehr glücklich. Ja, das sind religiöse Erfahrungen, die tief gehen und glücklich machen.

59. Gibt es Streit im Kloster?

Oh ja! Wir sind Menschen, und Menschen streiten nun mal. Vor allem, wenn sie so dicht aufeinanderhängen wie wir. Wie gesagt: Wir haben eine familiäre Beziehung in ihrer schwierigsten Form. Eltern-Kind ist etwas ganz Besonderes, denn die Kinder verdanken ihr Leben den Eltern, umgekehrt haben die Eltern den Kindern das Leben geschenkt. Zwischen Paaren ist es auf andere Weise besonders – da gibt oder gab es eine Verliebtheit, eine Liebe, erotische Anziehung.

Aber die schwierigste Beziehung ist die zwischen Geschwistern. Man hat dieselben Eltern oder lebt im selben Haushalt zusammen, aber man ist weder ineinander verliebt noch verdankt man sich gegenseitig irgendwas, schon gar nicht sein Leben. Trotzdem verbringt man mit den Geschwistern die meiste Zeit. Genau wie in unserem Fall. Wir sind eine große Familie, die sich ausschließlich aus Geschwistern zusammensetzt. Super anstrengend, super herausfordernd! Der heilige Augustinus zum Beispiel sagt in seiner Regel, dass seine Mönche nicht fasten müssen, denn das Gemeinschaftsleben sei Buße genug.

60. Was hast du gemacht, bevor du Mönch wurdest?

Ja, schöne Frage. Es gibt tatsächlich ein Leben vor dem Kloster. Im Zeitraffer könnte man sagen: geboren, zur Schule gegangen, weiter zur Schule gegangen, Abitur gemacht, Theologie studiert, Mönch geworden. Das liest sich dann formal alles sehr glatt. Aber ganz so glatt, wie es klingt, fühlt sich mein Lebenslauf nicht an.

Ich komme aus einer Künstlerfamilie, als Scheidungskind bin ich bei meiner Mutter, einer Schauspielerin, groß geworden. Dann hatte ich lange Zeit einen polnischen Ziehvater, der Künstler war ... Ich durfte ihn vor ein paar Jahren beerdigen. Innerhalb Deutschlands bin ich -zigmal umgezogen, und darüber hinaus war ich viel in einem VW-Bus in Europa unterwegs. Im Grunde hatte ich eine „halbnomadische" Kindheit, sehr alternativ. Eine Zeit lang habe ich auch mal in einer umgebauten Schule gewohnt, dann in einer umgebauten Mühle und in einer umgebauten Autowerkstatt.

Scherzhaft sage ich gerne: Mit einer solchen Biografie wird man entweder Terrorist oder Mönch. Aber ich hab mir gedacht: Mönch ist für die Menschheit besser.

Ich würde mal sagen, ich wurde „diffus religiös" oder „diffus gläubig" erzogen. Dass es Gott gibt, dass er da ist und dass er liebend ist, habe ich sozusagen mit der Muttermilch aufgesogen. Auch dass Gott als gütiger Vater da ist, um das Bild zu gebrauchen, das auch Jesus gebraucht. Aber eben nicht kirchlich.

Weder meine Mutter noch mein Ziehvater hatten mit der Kirche was am Hut. Ich selbst bin dann in die Kirche gegangen, denn die einzigen Kinder, mit denen ich im Dorf spielen durfte, waren Kinder aus einem kirchlichen Kinderheim, deren Eltern das Sorgerecht verloren hatten. Über sie hab ich mir die Kirchlichkeit sozusagen erarbeitet, das hat mich fasziniert. Meine Mutter fand das damals ziemlich skurril: Warum geht das Kind freiwillig in die Kirche? Aber, na gut, Drogen nehmen wäre schlimmer gewesen. Und ja, gläubig bin ich schon sehr lange. Diese Kirchlichkeit, dass ich sage: Ja, ich fühle mich auch der katholischen Kirche verbunden und möchte Teil dieser Glaubensgemeinschaft sein, das ist erst später in meinem Leben entstanden.

„Opfern" ... das klingt so, als ob man es weg-schmeißen würde. Jesus sagt: „Ich bin ge-kommen, damit sie das Leben haben und es in Fülle haben." Das Mönchsein ist für mich ein Weg der Lebensfülle. Ich bin niemand, der es möglichst hart und dreckig haben will. Nein, ich lebe gern, ich hab Spaß und Freude am Leben – und für mich ist Mönchsein kein Widerspruch dazu, im Gegenteil. Es übt eine starke Faszination auf mich aus, fast wie Ver-liebtheit. Man könnte ja einen Nicht-Mönch, der heiratet, auch fragen: „Wie kannst du dein ganzes Leben opfern für diesen einen Menschen?" Und er würde antworten: „Das ist kein Opfer, denn ich liebe diese Person

und möchte mit ihr durch Dick und Dünn gehen." So ist das für mich eben auch. Ganz einfach: Gott hat mein Herz erobert.

63. Warum ausgerechnet die Benediktiner?

Dafür gibt es gleich mehrere Gründe.

Was mich an den Benediktinern immer fasziniert hat, ist die lange Geschichte. Wir sind ja eine Mischung aus Spätantike und Frühmittelalter; Benedikt von Nursia hat im sechsten Jahrhundert gelebt. Dann die große Liebe zur Liturgie ... Neben Liturgiewissenschaftler bin ich eben auch Kind einer Schauspielerin. Dieses „heilige Schauspiel", das die Benediktiner pflegen, war für mich von Kindesbeinen an etwas ganz Kostbares. Und schließlich die große Liebe der Benediktiner zu den Ostkirchen, die es schon immer gab. Wir Benediktiner sind ja so alt, dass wir älter sind als jede Kirchenspaltung. Auch umgekehrt werden wir von den Ostkirchen sehr geschätzt.

Allerdings muss ich zugeben, es gibt auch etwas, das mich lange abgeschreckt hat: nämlich die „Stabilitas loci". Wir Benediktiner entscheiden uns ja für ein ganz konkretes Kloster und bleiben dort bis zum Lebensende. Ich bin also Mönch in Jerusalem geworden, war nirgendwo vorher Mönch und werde es nirgendwo danach sein. Das muss man mögen! Als Benediktiner braucht man also immer eine doppelte Berufung, doppelte Verliebtheit – einerseits zum besonderen „Way of Life" der Benediktiner, andererseits für das Bleiben an einem bestimmten Ort. Bei mir war ganz klar: Wenn Benediktiner, dann in Jerusalem.

64. Und warum Jerusalem?

Nun ... sosehr ich die anderen Benediktinerklöster wirklich schätze – vor allem die
Stadtklöster ... ich kann gerne mal ein paar
nennen: zum Beispiel die „Schotten" in Wien
(auch „Schottenstift" oder „Benediktiner-
abtei Unserer Lieben Frau zu den Schotten" – so heißt das Kloster, weil es mal ein
iro-schottisches Kloster war) oder „Sankt
Bonifaz" in München oder auch „Einsiedeln"
in der Schweiz ... Ja, es gibt wirklich wunderbare, großartige Benediktinerklöster, wo ich
sehr gern bin. Erst kürzlich durfte ich auch in
Belgien in einem Kloster sein.

Aber wie gesagt hat mich der Grundsatz der „Stabilitas loci" anfangs sehr beschäftigt, und da dachte ich mir: Na gut ... Jerusalem ist ein Ort, wo das für mich klappen könnte. Die Stadt ist so herrlich chaotisch, so intensiv, so voller Spannungen: politisch, historisch, religiös aufgeladen ... hier könntest du es schaffen, es auf Dauer auszuhalten.

65. Was ist der Unterschied zwischen Pater und Bruder?

„Pater" sind Priester-Mönche und Brüder sind Mönche, die nicht Priester sind. Grundsätzlich sind das erst mal zwei verschiedene Paar Schuhe. Es gibt sehr viele Priester, die keine Ordensleute sind – die Diözesanpriester in den Pfarreien. Umgekehrt gibt es sehr viele Mönche, die nicht Priester sind. Man muss nicht Theologie studiert haben, um Mönch zu werden, es reicht auch eine Ausbildung. Im Kloster haben wir zum Beispiel einen, der sich um den Garten kümmert, ein anderer macht die Finanzen und so weiter ... Und schließlich gibt es die Kombination aus beidem: dass man Mönch ist und Priester. Das sind dann die Patres, wie zum Beispiel ich.

66. Wie haben Familie und Freunde auf deinen Wunsch reagiert, Mönch zu werden?

Unterschiedlich. Die Verwandtschaft – gerade die, zu der ich guten Kontakt habe – sind alles Künstler. Die sagen: Ja, Mönch ist verrückt genug – das passt schon.

Das ist ja quasi die Zeit der Ausbildung. Die erste Phase als Mönch war nicht einfach, das gebe ich ganz ehrlich zu. Ich kam frisch von der Uni, hatte wirklich sehr schnell studiert und auch sehr gut. Ich war voller Power, voller Tatendrang! Ja ... und dann hab ich halt Kaffeetassen gespült und Teppiche gesaugt und Zimmer aufgeräumt und bin zur Post gegangen. Ich kam mir furchtbar ausgebremst vor, dachte mir ständig: Boah, ich könnte so viel machen!

Im Nachhinein – wie das so oft ist – bin ich dankbar für die Zeit, weil es eine heilsame Verlangsamung war. Man ist ja geneigt im Leben, vor sich selbst davonzulaufen. Man kann sich wunderbar durch Arbeit betäuben. Und als Novize hab ich zwar viel Arbeit verrichtet, aber es war Arbeit, die nicht betäubt, sondern bei der man zum Nachdenken kommt – eben, wenn man vor sich hin putzt oder den Weg zur Post und zurück geht (wir müssen immer selbst zur Post gehen). Da hat man einfach viel Zeit zum Nachdenken, zum Reflektieren.

Zusammengefasst würde ich sagen: Es war eine herausfordernde Zeit, die ich nicht noch mal brauche, die aber wichtig für mich war.

68. **Viele erzählen von einem besonderen Erlebnis, von einer einschneidenden Lebenssituation, in der sie zu Gott gefunden haben. Gab es ein solches Erlebnis auch bei dir?**

Nein ... aber ich frage mich auch, wie viele das tatsächlich haben. Ich glaube, bei den meisten ist das ja eher so eine stufenweise Entwicklung. Ich gebe zu, ich bin immer etwas skeptisch, wenn Leute von ganz dramatischen Sachen berichten. Klar, auch bei mir gab es verschiedene Etappen, wo es ein klares Vorher und Nachher gab ... aber ich möchte das nicht als „Schlüssel" verstanden wissen. Ich glaube, der wahre Schlüssel für mein Leben ist meine Kindheit, wie bei fast

jedem. Diese Kindheit mit den häufigen Um-
zügen, die Künstlerfamilie, in der ich aufge-
wachsen bin: kreativ, neugierig auf die Welt,
mobil, voll Lebenshunger.

Aber was meinem Glauben zugegebener-
maßen noch mal einen ordentlichen Schub
versetzt hat, war eine Krankheitserfahrung.
Als Student – ich war 2000/2001 als Theo-
logiestudent in meinem jetzigen Kloster
in Jerusalem – bin ich schwer erkrankt. Bis
heute bin ich Rheumatiker, chronisch krank.
Damals war ich mehrere Wochen im Kran-
kenhaus, zeitweise sogar blind. Ich hatte
einen sehr, sehr schweren Erst-Schub, mittlerweile bin ich sehr gut eingestellt. Das war
eine furchtbare Zeit, aber auch sehr heilsam. Mein Leben wurde auf den Kopf gestellt ... vorher war ich immer Jüngster, Bes-
ter, Schnellster, manchmal aus heutiger Sicht
unglaublich arrogant.

Aber wenn man dann mal so richtig eine auf den Deckel bekommt und heftig zurück-geworfen wird, geht man sein Leben noch mal ganz anders an und fragt sich: Worauf kommt es wirklich an?

69. Welche Bücher liest du in deiner Freizeit?

Ich muss zu meiner Schande gestehen: Ich lese immer weniger in der Freizeit. Gerade dieser Tage ist mir das mal wieder bewusst geworden.

Das heißt, ich lese unglaublich viel, aber immer weniger Bücher. Zeitungen, Zeitschriften, Nachrichten, Informationen, Aufsätze ... ich bin den ganzen Tag am Lesen. Entweder beobachte ich, was gerade theologisch diskutiert wird, was in der Kirche passiert, was politisch in der Welt los ist ... Ich bin zum Beispiel sehr an Außenpolitik interessiert. Also, da hast du mich an einem wunden Punkt erwischt! Ich bin der klassische Sach- und Fachbuchleser. Leider.

Ich sollte mir vielleicht einfach mal wieder gönnen, was Nettes, Schönes, Gutes zu lesen, ohne Informationen zu tanken.

70. Welcher Teil der Gelübde fällt dir am schwersten: Gehorsam? Armut? Enthaltsamkeit?

Also, am leichtesten fällt mir die Armut, keine Frage. Aus materiellen Dingen mache ich mir wenig und bin auch wenig verführbar. Diese Baustelle habe ich zum Glück nicht. Bei den anderen beiden Gelübden muss ich jetzt überlegen ...

Ich denke, der Zölibat – wobei, Gehorsam ist natürlich auch nicht ohne, weil es ständig präsent ist. Zölibat dagegen ist ja kein Dauerthema. Man steht nicht jeden Tag auf und denkt: Ach, ich hätte jetzt gern 'ne Frau. Der Zölibat wird einem eher in Schüben bewusst.

Wenn es konkret wird, wenn man eine faszinierende Person trifft, oder wenn man spürt: Na ja, eigentlich wäre ich auch ein guter Vater, das wäre doch irgendwie auch nett. In gewisser Weise lässt sich dieser Teil des Verzichts mit einer Achterbahnfahrt vergleichen, während der Gehorsam der tägliche Stachel ist.

71. Wann warst du zuletzt verliebt?

Schwierig ... Und „Verliebtheit" ist ja auch so ein großer Begriff. Aber auch als Mönch kann ich verraten: Ja, kenn ich. Das passiert immer mal wieder. Aber Jahreszahlen hab ich jetzt in der Tat nicht präsent.

72. Wie begründest du biblisch deine Enthaltsamkeit, obwohl doch in der Bibel steht, dass wir fruchtbar sein sollen?

Jetzt führst du genau das Gespräch mit mir, was ich mit -zig gläubigen Juden führe. Auf der Straße, in Jerusalem. Immer wieder. Das Standardgespräch, sozusagen: Ich sei doch gläubig, wie könne ich da gegen das erste Gebot der Bibel verstoßen: „Seid fruchtbar und mehret euch"? ... Ja, da kann ich nur immer wieder antworten: Es ist halt die Lebensform Jesu. Jesus selbst war unverheiratet. Das war schon immer ein sehr starkes Argument.

Aber irgendwie ist es anscheinend eine gewisse Provokation, dieses engelsgleiche Leben auf dieser Welt ... Ich will damit nicht sagen, dass ich ein Engel bin, davon bin ich weit entfernt! Aber jeder ist ständig bestrebt zu schauen, wie er Geld verdienen, sich vermehren, Anerkennung bekommen kann. Besitz anhäufen, Einfluss haben und so weiter ... Und wir Mönche nehmen uns da einfach raus aus diesem ganzen Wahnsinn. Dafür brauchen wir unsere Gelübde – Enthaltsamkeit, Armut und Gehorsam –, die wir ja freiwillig ablegen und die uns deshalb auch mehr Segen als Last sind.

Unfreiwillige Armut ist ein großer Fluch der Menschheit. Aber freiwillig gewählt bedeutet sie: sich frei machen von diesem Konsumzwang. Unfreiheit im Sinne von Gedankeneinschränkung oder Einschränkung der Menschenrechte ist ebenfalls ein Fluch.

Unser freiwilliger Gehorsam dagegen ist ein Weggehen von einem Egotrip, hin zur Sensibilität für die Bedürfnisse der anderen. Und schließlich der Zölibat: Unfreiwillig partnerlos zu sein kann ein hartes Schicksal bedeuten. Aber ein frei gewähltes Leben ohne eine feste Partnerin oder einen festen Partner ist eben auch ein Sich-frei-Machen von weltlichen Strukturen. Mit unserer frei gewählten, unkonventionellen Lebensweise geben wir sozusagen einen prophetischen Ausblick auf das wahre, das nicht weltliche Leben, das erst noch vor uns liegt. Für manche Menschen sind wir dadurch – unbewusst – eine lebende Provokation.

73. Hattest du schon mal Sex?

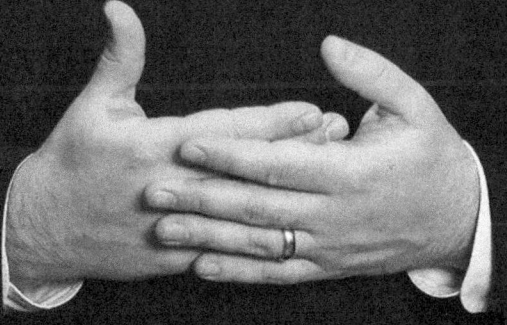

Auf diese Frage antworte ich immer: Was vor dem Kloster war, spielt keine Rolle ...

74. Verschwindet irgendwann das sexuelle Verlangen?

Absolut nicht! Es gibt natürlich auch asexuelle Menschen, aber zu denen gehöre ich nicht. Ich bin ein gesunder Mann und auch emotional nicht verkrüppelt. Also: nein.

75. Wie stehst du zum Thema Homosexualität? Teilst du die Haltung der Kirche?

Ich glaube, da sprichst du ein riesiges Arbeitsfeld an, das wir als Kirche angehen müssten. Trotzdem muss ich etwas ausführlicher antworten, denn auf der anderen Seite gefällt es mir gar nicht, mit einer gewissen Arroganz zu sagen: Die Kirche irrt sich, und alles ist ganz furchtbar! ...

Ich denke, die Kirche hat über viele Jahre nach bestem Wissen und Gewissen gehandelt und wusste es ganz einfach nicht besser. Sie hat immer sehr stark das Naturrecht hochgehalten und gefragt: Was ist in der Natur vorgesehen und was nicht?

Und es ist ja auch durchaus legitim, dass die Kirche im Dialog mit den Wissenschaften zu neuen Erkenntnissen kommt.

Heute können wir sagen: Homosexualität ist eben nicht – wie es lange gesehen wurde – eine Willensentscheidung. Keine Sache, die man sich irgendwie erwirbt. Es ist tatsächlich etwas, das vorgesehen, gegeben ist in der Natur. Kommt übrigens sogar im Tierreich vor. Wenn das so ist, dann ist Homosexualität offensichtlich eine von Gott vorgesehene Variante der sexuellen Orientierung. Und das bedeutet dann auch, dass wir mit dem Thema anders umgehen müssen, als wir es jetzt tun. Ganz klar!

76. Gibt es Homosexualität im Kloster?

Davon bin ich fest überzeugt. Ich glaube, im Kloster und außerhalb der Klöster befinden sich grundsätzlich dieselben Arten von Menschen. Im Kloster gibt es introvertierte wie extrovertierte Typen und überhaupt alle Typen von Menschen, die es auch außerhalb des Klosters gibt. Und selbstverständlich gibt es auch Mitbrüder, die homosexuell sind. Aber man muss auch sagen, das spielt eigentlich keine große Rolle. Der Zölibat gilt für alle – egal ob homo-, bi- oder heterosexuell.

Ich selbst kann mich übrigens gerne outen: Ich bin heterosexuell. Das heißt, das Thema Homosexualität betrifft mich persönlich nicht. Aber vielleicht gibt mir das auch eine größere Freiheit – als nicht Betroffener –, gelassener darüber nachzudenken. Was mich aber tatsächlich ein wenig stört, ist, dass dieses Thema in meinen Augen über-präsent ist. Man hat ja manchmal das Gefühl, wir hätten sonst keine Themen. Da denke ich mir manchmal: Wenn die Kirche mit dersel-ben Energie, wie sie – besonders in der Ver-gangenheit – gegen Homosexualität ge-schossen hat, Ungerechtigkeit und Hunger bekämpft hätte, wäre die Welt wahrschein-lich eine bessere!

77. Wirst du oft mit Vorurteilen konfrontiert?

Oh ja, total! Klar, die Zeiten, in denen die Leute uns ehrfurchtsvoll als eine Art bessere Menschen bewundert haben, sind irgendwie vorbei. Vielleicht auch zum Glück. Also, an alle, die den sozialen Aufstieg suchen: Bitte nicht ins Kloster gehen, das wäre die falscheste Entscheidung! Mönchsein im Westeuropa des 21. Jahrhunderts bedeutet: schräg angeguckt zu werden, viel Kopfschütteln, auch Anfeindungen. Auch in Jerusalem erlebe ich das. „Hey, du Kinderficker" ist durchaus ein „Gruß", den ich fast schon gewohnt bin.

78. Hattest du schon mal eine Schlägerei?

Nee, das nicht! Also, als Kind habe ich mich oft geprügelt, aber als Mönch noch nie. Aber verbale Beleidigungen und sogar angespuckt zu werden, das kenne ich durchaus.

79. Hat jemand von deinen Mitbrüdern schon mal den Glauben verloren?

Hm ... Um etwas zu verlieren, muss man es ja erst mal besitzen. Aber Glauben besitzt man nicht. Wir sind Gottsucher – das ist tatsächlich die Beschreibung, die Benedikt in seiner Regel gibt. Er sagt: Wenn jemand ins Kloster will, soll der Novizenmeister prüfen, ob diese Person „wahrhaft Gott sucht". Gottsuche ist so wichtig!

Diejenigen, die mir unglaublich suspekt sind, sind die Extremisten oder – wie ich sie immer gerne nenne – die „Hooligans der Religion". Die glauben, Gott schon gefunden zu haben und genau zu wissen, was Gott will und was er nicht will. Und dann wird Religion toxisch.

Meine Mitbrüder und ich verstehen uns als Gottsucher, und dazu gehört auch der Zweifel. Aber Zweifel ist kein Verlust von Glauben, sondern er bedeutet: mit Gott ringen und immer wieder Gottes Nähe und auch seine Ferne spüren. Das ist Glaube mit all seiner Dramatik und Schönheit.

80. Glaubst du – ohne irgendwelche Zweifel – an alles, was in der Bibel steht?

Das wäre eine viel zu primitive Vorstellung von Bibel. Rein naturwissenschaftlich betrachtet irrt die Bibel natürlich in manchen Punkten. Nehmen wir zum Beispiel mal das Buch Judit. Wenn man da versucht, die Städte zu skizzieren, die am Anfang genannt werden ... ja, viel Spaß! Die Landkarte würde ich gerne mal sehen! Oder das berühmte Beispiel, der Hase sei ein Wiederkäuer. Ist er natürlich nicht. Er nimmt einen Teil seines Kots auf, um ihn noch einmal zu verdauen, was als Caecotrophie bekannt ist. Aber Wiederkäuer ist das falsche Wort. Es ließen sich noch eine ganze Reihe solcher Beispiele finden, aber darum geht es gar nicht.

Die Bibel ist ja nicht zu lesen wie eine Waschmaschinenanleitung – das wäre eine totale Vergewaltigung dieses wunderbaren Buches. Sie ist „Gottes Wort in Menschenwort". Soll heißen: Ich glaube sehr an die Bibel als dieses „Gotteswort in Menschenwort". Das ist wirklich ein so kraftvolles Buch, das tröstet, aufrichtet, aufweckt, motiviert. Es weckt Sehnsucht und Gottsuche und ist – um es profan auszudrücken – mehr Liebesgedicht als Waschmaschinenanleitung.

81. Apropos Liebes-gedicht ... Bekommst du Liebesbriefe?

Oh ja – ab und zu. Mich wundert es ja. Aber anscheinend machen sich Menschen auch Hoffnung bei einem Mönch, ja.

82. Wie kann man etwas glauben, was nicht bewiesen ist?

Ja, das ist das große Abenteuer im Leben. Alle wollen Abenteuer, alle wollen Action. Ich will sagen: Ja, ich lebe das Abenteuer, von dem alle träumen.

83. Dürfen Mönche Urlaub machen?

Ja, ist vorgesehen. Mein Kloster hat drei Wochen Urlaub im Jahr, was wenig ist. Also, für alle, die sich beschweren, dass sie zu wenig Urlaub haben: Wir haben nur drei Wochen. Wobei, oft kommt dann noch 'ne Woche dazu für Arzttermine. Wir sind ja alle in Jerusalem, aber wir haben in der Regel eine deutsche Krankenversicherung. Und das heißt, wir versuchen dann, Routine-Termine einfach noch an den Urlaub dranzuhängen.

Übrigens: Das Budget ist sehr gering, das heißt: Mönche machen entweder Urlaub bei Freunden oder Familie – was ich eigentlich nie mache – oder durchaus in anderen

Klöstern. Das ist eine ganz klassische Urlaubsdestination, und es ist ja auch schön, zu sehen, wie andere Mitbrüder so leben. Ich sage gerne scherzhaft: Wir sind Mitglied einer internationalen Hotelkette. An den schönsten Orten der Welt gibt es wunderbare Benediktinerklöster – und wir sind ja weltweit vertreten. Besonders gern mag ich zum Beispiel die Schotten in Wien, St. Bonifaz in München oder auch Einsiedeln in der Schweiz. Das sind schon tolle Klöster.

84. Kommen auch geliebte Haustiere – oder Tiere überhaupt – in den Himmel?

Dazu würde ich sagen: Man soll Gott nicht zu klein denken ...
Bei Gott geht nichts verloren.

85. Wie stehst du zur Genderdebatte?

Ach ja ... die ist mittlerweile sehr aufgeheizt, so eine Schlagwort-Debatte. Manche Debatten sind einfach vergiftet, und diese hier scheint es mir zu sein. Das liegt wohl an den vielen Extrempositionen. Ich persönlich würde sagen: Zum einen ist die Debatte unglaublich wertvoll, weil sie Geschlechterstereotype hinterfragt, über Geschlechtlichkeit und Identität neu nachdenkt. Ich sehe da sehr, sehr viel Wertvolles. Andererseits zeigt sich auch, dass es in diesen Gender-Studies die verschiedensten Richtungen gibt, die sich zum Teil erbittert bekriegen. In der Wissenschaft gibt es da auch so allerhand Un-Erleuchtetes.

Da würde ich mir manchmal auch mehr Selbstkritik wünschen, was ihre eigene Forschung betrifft. Aber ich bin wahrlich kein Experte auf diesem Gebiet ... Ich finde vieles anregend, vieles auch bedenkenswert. Als Kirche sollten wir uns das sehr gut anhören und abwägen. Aber wir sollten auch nicht über jedes Stöckchen springen, das uns da hingehalten wird.

86. Sind Tiere nicht auch Geschöpfe Gottes und haben das Recht auf Leben? Warum bist du dann kein Vegetarier?

Zunächst könnte ich ja sagen: Mein Herr und Meister – also der Herr selbst, Jesus Christus – hat Tiere verzehrt. Von Fischen weiß man das: Er hat sogar Fisch zubereitet für seine Jünger. Er war ein gläubiger Jude, und da ist bei vielen religiösen Festen auch der Verzehr von Tieren vorgesehen. So gesehen bin ich also in guter Gesellschaft, wenn auch ich Tiere verzehre. Zum anderen hat Gott die Welt nun mal so geschaffen, dass wir Menschen Karnivore sind, also dass zu unserer Nahrung auch der Verzehr von tierischen Produkten gehört. Zeigt sich auch zum Beispiel darin, dass bei einer streng veganen

Lebensweise meines Wissens Nahrungser-gänzungsmittel notwendig sind, damit alle lebenswichtigen Nährstoffe abgedeckt wer-den.

Aber worauf die Frage ja eigentlich abzielt, ist die Art und Weise, wie wir mit Fleisch-verzehr umgehen. Und da bin ich sofort da-bei, wenn es darum geht, das zu überden-ken. Massenschlachthöfe, wo im Akkord geschlachtet wird und man sich oft fragt: Wer ist das ärmere Schwein – das Schwein, das geschlachtet wird, oder die Menschen, die da unter ausbeuterischen Verhältnissen arbeiten müssen? Bei uns ist es im Übrigen nicht so, dass wir von morgens bis abends jeden Tag Fleisch essen – definitiv nicht! Wir Mönche ernähren uns mittwochs und frei-tags konsequent komplett vegetarisch, da kommt kein Fleisch auf den Tisch. In der Fas-tenzeit unter der Woche überhaupt nicht, nur am Sonntag. Und das ist durchaus etwas, das wir auch im Kloster diskutieren: nur qualitativ hochwertiges Fleisch zu verwenden, um auch die Kostbarkeit dieses Nahrungsmittels zu würdigen, das ist schon sehr viel wert. Beim kompletten Verzicht auf Fleisch darf man nämlich auch nicht außer Acht lassen: Viele Produkte, die dann stattdessen verzehrt werden, haben zum Teil ethisch noch viel größere Fragezeichen, als wenn man sich „normal" ernährt.

87. Glaubst du, dass es außerirdisches Leben gibt?

Auch da kann ich immer nur sagen: Gott sollte man nicht zu klein denken. Warum nicht?

167

88. Facebook, Instagram, Twitter ... Wäre Jesus heute Influencer?

Es ist immer schwer, zu sagen: Was wäre Jesus heute? Da „wissen" die Leute immer so viel ... Finde ich gefährlich. Also, wer auf jeden Fall sehr aktiv wäre, wäre Paulus. Da bin ich mir ziemlich sicher. Paulus war ein sehr kreativer Missionar, und der würde definitiv all diese Foren nutzen. Jesus selbst hat früher ja zu seinen Lebzeiten auch nichts niedergeschrieben, das haben andere für ihn getan. Deshalb bin ich mir nicht sicher, ob er selbst in diesen Medien aktiv wäre.

89. Hast du einen besten Freund?

Sehr gute Frage … Ich bin dankbar um mehrere Freunde. Aber EINEN besten, das hat ja immer so was Exklusives, so weit würde ich nicht gehen.

90. Setzt du im Urlaub auch mal deine täglichen Gebetszeiten aus? ... Mal so ganz ohne Uhr leben?

Ja, klar. Wenn ich im Urlaub bin oder unterwegs, dann geht das auch gar nicht in dieser Form, wie wenn die Gemeinschaft mich trägt und mir auch den Zeitplan diktiert. Ich bete dann flexibler, ja. Natürlich.

91. Gehst du auch mal abends aus, in Bars, Clubs oder zum Tanzen?

Absolut, klar. Ich merke allerdings mit dem Alter ... jetzt so richtig Clubben gehen, da lässt der Reiz nach. Aber ich glaube, das hat nichts mit dem Mönchtum zu tun, sondern ist einfach 'ne Altersfrage. Aber tatsächlich bin ich ein leidenschaftlicher Tänzer. Ich mag total Standard/Latein, also gerade Paartanz. Ich hab mir früher immer Urlaub genommen im Kloster, wenn in Wien Ballsaison war.

92. Wäre es cooler, evangelisch zu sein?

Nee ... Ich war das ja mal. Aber auch nie bewusst, muss man sagen. Ich bin kein klassischer Konvertit, aber ich bin evangelisch getauft. Ich mag unsere evangelischen Geschwister, genauso wie ich unsere orthodoxen Geschwister mag, aber ich bin sehr gerne katholisch. Wenn ich mal nur einen der Gründe nennen soll: Ich bin gerne Teil einer Weltkirche, die wirklich auf allen Kontinenten präsent ist. Allerdings würde mich die Frage, warum ich nicht orthodox bin, tatsächlich mehr beschäftigen.

93. Kennst du so etwas wie Neid – und wenn ja, in welchen Situationen?

Ich kenne es unglaublich stark, das *Objekt* von Neid zu sein. Also, dass andere auf mich neidisch oder eifersüchtig sind. Der Standardvorwurf bezieht sich darauf, dass ich immer mal wieder in den Medien bin, auch öffentlich wahrnehmbar: „Dieser Selbstdarsteller, muss sich da in den Vordergrund rücken ..." Worauf ich immer sage: Na ja, die Medien fragen halt *mich* an für ein Interview oder fragen *mich*, ob ich mich zu diesem oder jenem Thema äußern will. Es ist ja nicht so, dass ich Klinken putze und um ein Forum bettle, sondern ich werde gefragt und bin bereit, Rede und Antwort zu stehen.

Viele nehmen mir das dennoch übel, aber ich habe erkannt: Das ist gar keine konstruktive Kritik, sondern einfach purer Neid.

Ich selbst, also dass ich auf jemanden neidisch bin ... boah ... nö. Ich freu mich, wenn Leuten was gelingt. Ich find das super und kann mich total freuen mit Leuten. Das Einzige, was ich kenne, ist manchmal den Schmerz zu erleben, dass meine Lebensform natürlich auch ein klares „Nein" zu anderen Lebensformen bedeutet. Mir wird das durchaus bewusst, wenn ich zum Beispiel taufe. Dann wird mir klar, dass ich selbst nie eigene Kinder haben werde. Aber das ist ja kein Neid, sondern eben ein Erkennen: Meine Lebensentscheidung hat Konsequenzen. Genauso wie die Lebensentscheidung von anderen.

94. Kann man als Vorbestrafter Mönch werden?

Ja. Man wird halt sehr genau hingucken. Im Prinzip – und das ist ja das Schöne – sind wir alle bekehrte Sünder. Benedikt schreibt auch in seiner Regel nicht: „Wer hat eine weiße Weste und wer ist perfekt, der komme ins Kloster." Gerade unter den ersten Mönchen, in dieser wirklich sehr unruhigen Zeit zwischen Antike und Mittelalter, gab es eine Reihe von schwarzen Schafen. Moses der Schwarze zum Beispiel – ein Bandenführer ...

Ich würde sagen: Wir haben alle eine Vorgeschichte, und alle sind wir auch im Kloster noch Sünder – auf dem Weg zur Heiligkeit und auf dem Weg, Gott zu suchen. Bei jemandem, der vorbestraft ist, würde man einfach genauer hinterfragen: Hat er bereut? Ist es jemand, der einen ganz neuen Weg gehen will? Schwierig wird es nur, wenn jemand seine Vergangenheit verschweigen würde, das wäre dann ein Problem. Ich spreche nicht von „Seelenstriptease" – aber so wichtige Dinge wie eine Vorstrafe müssten beim Eintritt ins Kloster schon kommuniziert werden.

95. Welche Worte sollen auf deinem Grabstein stehen?

Oh, das weiß ich jetzt schon. Auf meinem Grabstein wird stehen: „P." für Pater. Dann wird da stehen: „Nikodemus Schnabel OSB" für Ordo Sancti Benedicti, und dann werden darunter drei Jahreszahlen stehen. Die erste weiß ich schon: 1978, mein Geburtsjahr. Die zweite weiß ich ebenfalls, das ist 2004, mein Professjahr ... und die dritte ... schau ma mal. Das liegt in Gottes Hand.

96. Kannst du über „Das Leben des Brian" lachen?

Ja ... Ich finde die Filme von Monty Python durchaus gut. Aber „Das Leben des Brian" ist meiner Meinung nach nicht der beste. „The Meaning of Life" finde ich besser. Das ist schon sehr schwarzer Humor, aber damit kann ich umgehen. Was ich etwas nervig finde, ist die Diskussion, warum man „Das Leben des Brian" nicht am Karfreitag zeigt ... Das geht irgendwie ein bisschen zu weit und muss einfach nicht sein.

97. Yoga ist in der Gesellschaft weitverbreitet. Was hältst du davon? Kann man als gläubiger Christ Yoga praktizieren?

Also, erst mal: Ich praktiziere kein Yoga. Na gut ... wenn man mich anguckt, weiß man vielleicht auch, warum. Ich hab da keinen Zugang zu. Aber ich verstehe die Diskussion, um die es geht. Die Antwort ist vielschichtig ... Klar, man kann Yoga auf den sportlichen Aspekt beschränken. Aber die Frage ist: Wird man Yoga dann gerecht? Denn Yoga ist ja durchaus mehr als nur Sport, dahinter steht eine gesamte Lebensphilosophie. Dem muss man sich halt stellen, aber dann sollte man sich da auch drauf einlassen, und zwar sehr bewusst. Es gibt auch Christen, die zum Beispiel Zazen-Meditation praktizieren.

Auch hier: Ich habe nichts dagegen, ist aber nicht mein Ding.

Ich hab ein Problem mit der „Patchwork-Identität", die manchmal entsteht: so ein bisschen Hinduismus, ein bisschen Buddhismus, bisschen Natur, bisschen hier, bisschen da ... Das wirft für mich die Frage auf: Haben wir Respekt vor den Kulturen der anderen? Ich weiß von vielen Buddhisten, die sind ziemlich genervt, weil sie sagen: Das ist so ein „Buddhism for Westerns", so ein Pseudo-Buddhismus – weil überhaupt nicht verstanden wird, was Buddhismus wirklich ist. Auch viele meiner jüdischen Freunde sind angenervt, wenn Christen Kippa tragen, Menorah und Tallit haben. Ich glaube, es gibt eine neue Sensibilität gegenüber kultureller Aneignung, und ich denke, jeder, der solche Dinge praktiziert, sollte sich dessen bewusst sein. Aus Respekt vor der anderen Kultur.

98. Lässt sich die Faszination Jerusalem in Worte fassen?

Schwer... Ich nähere mich dem mit Bildern. Ich vergleiche die Stadt gerne mit einer stolzen Diva, die keine Scheu hat, ihre Geschichte und ihre Verwundung zu zeigen, die aber weiß, wer sie ist. Das wär eine bildliche Annäherung. Jerusalem ist eine unglaublich intensive, dichte Stadt. Es gibt dieses arabische Sprichwort, das sagt: Ein Jahr in Jerusalem leben ist wie zwei Jahre woanders. Ich sage, das stimmt nicht: Das Verhältnis müsste mittlerweile wohl 1:3 sein oder 1:4.

99. Du lebst seit 2003 in Jerusalem. Wie schwierig ist es, im Nahostkonflikt zwischen Israelis und Palästinensern neutral zu bleiben?

Neutral ist ja so ein Begriff ... das heißt: Es geht mich nichts an. Ich würde sagen, ich bin nicht neutral, sondern: Ich bin weder pro Israel noch pro Palästina ... wie ich auch nicht pro Deutschland bin oder pro Europa oder was weiß ich. Das ist alles so abstrakt. Ich kann damit wenig anfangen. Ich bin pro Mensch! Und ich liebe einfach die Menschen in dieser Region, egal, ob sie Juden, Christen, Muslime, Drusen oder Atheisten sind und egal, welche Staatsbürgerschaft sie haben oder welchen Pass sie haben oder eben nicht haben. Ich mag einfach beide Seiten.

„Neutral" bedeutet ja: Ich mach mir nicht die Finger schmutzig. Für mich ist die Frage: Warum soll ich mich entscheiden müssen, wo ich mich wohlerfühle – bei meinen Freunden in Tel Aviv oder bei meinen Freunden in Ramallah? Das finde ich einfach albern.

100. **Das waren jetzt 99 Fragen – jetzt kommt die 100., die Zusatzfrage: Hast du mir alle Fragen ehrlich beantwortet?**

Ja ... Bisweilen hab ich stark mit mir gerungen. Es gibt Fragen, die man sehr einfach beantworten kann, die leicht sind. Es gibt aber auch Fragen, bei denen ich dann selbst gemerkt habe: Die habe ich mir schon lange nicht mehr gestellt. Ich weiß nicht, ob es mir immer gelungen ist, richtig zu antworten. Manchmal könnte ich 'ne ganz schnelle, kurze Antwort geben – aber würde sie dann richtig verstanden oder bekämen die Menschen sie in den falschen Hals? Manchmal rede ich, wie mir der Schnabel gewachsen ist, und Leute missverstehen mich.

Ich hoffe, das passiert nicht allzu oft, sondern ich werde so verstanden, wie ich es gemeint habe.

ÜBER PATER NIKODEMUS

Pater Nikodemus wurde 1978 als Claudius Schnabel geboren, wuchs (evangelisch) in einer Künstlerfamilie auf und hatte eine bewegte Kindheit und Jugend. Er studierte Theologie in Fulda, Jerusalem, München, Münster und Wien.

2003 trat er in die Benediktiner-Abtei Dormitio auf dem Berg Zion im Herzen Jerusalems ein, die völkerrechtlich gesehen im Niemandsland zwischen Israel und Palästina liegt. Im Jahre 2013 wurde er dort zum Priester geweiht. Als promovierter Liturgiewissenschaftler und Ostkirchenkundler ist Pater Nikodemus Direktor des Jerusalemer Instituts der Görres-Gesellschaft und lehrt diese Fächer am Theologischen Studienjahr Jerusalem. Lange war Pater Nikodemus „Außenminister" und Pressesprecher seines Klosters, bevor er von 2016 bis 2018 die beiden Klöster der

Abtei in Jerusalem und am See Gennezaret als Oberer leitete.

Seit Oktober 2018 arbeitete er für ein Jahr im Auswärtigen Amt in Berlin als Berater „Religion und Außenpolitik". Neben der Wissenschaft und der Seelsorge ist seine dritte große Leidenschaft die Medienarbeit. Im ZDF moderiert er das Format „Ein guter Grund zum Feiern …" und hat gemeinsam mit Markus Lanz mehrere Dokumentationen gemacht.

DANKSAGUNG

Wir danken folgenden Personen für tatkräftige Unterstützung, angenehme Zusammenarbeit und viele wertvolle Ratschläge:

Abt Bernhard Maria und der Dormitio-Abtei in Jerusalem, Karoline Kuhn und Annette Friese, dem Team des adeo Verlags, Peter Mahall und dem Team der Lamalo Consulting GmbH, Simone Sabel, Florian Bessel, Christa Bäck und natürlich den vielen interessierten Gläubigen und Atheisten, die mit ihren Fragen dieses Buch erst möglich gemacht haben.

MIX
Papier aus verantwor-
tungsvollen Quellen
FSC® C014496

Pater Nikodemus Schnabel ist in den sozialen Netzwerken auf Facebook, Instagram und Twitter vertreten. Aktuelle Informationen finden Sie auch unter www.paternikodemus.de

© 2021 der deutschen Ausgabe adeo Verlag, in der SCM-Verlagsgruppe GmbH, Dillerberg 1, 35614 Asslar

1. Auflage 2021
Bestell-Nr. 835309
ISBN 978-386334-309-5

Umschlaggestaltung: Andreas Sonnhueter, www.grafikbuero-sonnhueter.de
Redaktionelle Mitarbeit: Simone Sabel, www.formulingo.de
Umschlagfoto und Innenfotos: Pascal Nowak
Satz: Uhl + Massopust, Aalen
Druck und Verarbeitung: GGP Media GmbH, Pößneck
Printed in Germany

www.adeo-verlag.de